Luise F. Pusch
Deutsch auf Vorderfrau
Sprachkritische Glossen

W0172186

Luise F. Pusch

Deutsch auf Vorderfrau

Sprachkritische Glossen

WALLSTEIN VERLAG

Für Joey Horsley

Vorwort

In meinem Blog *Laut und Luise* auf fembio.org schreibe
ich seit 2007 einmal pro Woche über Begebenheiten aus
meinem feministischen Alltag. Sehr häufig ist der An-
lass sprachlicher Art – ich habe kaum mal eine Glosse
verfasst, in der es nicht auch um Sprache ging, genauer
gesagt: um feministische Kritik an unserer Männersprache, ein Thema, mit dem ich mich - mit Unterbrechun-
gen – seit über dreißig Jahren beschäftige.

Die in diesem Buch versammelten Glossen unter-
scheiden sich von meinen anderen Glossen aus den letzten Jahren, die in *Die Eier des Staatsoberhaupts* (2008)
und *Der Kaiser sagt ja* (2009) gedruckt wurden, dadurch,
dass es in ihnen richtig zur Sache geht. Sprachliche Miss-
stände werden nicht nur diagnostiziert, sondern die The-
rapie wird gleich mit verordnet, nach der Devise: Wir
machen unsere Sprache selber und bringen das Deutsche auf Vorderfrau.

Und es folgen praktische Vorschläge für die Entpatri-
fizierung unserer Sprache, zum Beispiel:

– *Schließung von Lücken im Wortschatz*: Wie heißt das
 weibliche Pendant für *Vormund, Schirmherr, Gast,
 Doktor* und *Professor* (als Titel)? Oder es geht um
 Herrisches innerhalb der Wörter und darum, wie diese
 Teile für Frauen tragbar gemacht werden können.
 Beispiele: *fachmännisch → fachkundig/fachfraulich,*
 aber nicht *fachfräuisch; Patin → Mate; Schutzpatro-
 nin → Schutzmatrone, Patronat/Schirmherrschaft →
 Matronat …*

- *Kreativer Widerstand gegen sprachliche Diskriminierungen* (sinnfälligstes Beispiel: Sprachpolitik um das Thema Lesben)
- *Wurzelbehandlung* oder *Feministische Etymologie*. Wenn z.B. das Grimmsche Wörterbuch das Wort *freuen* auf *Frau* zurückführt, sollten wir dann nicht *fräuen* statt *freuen* schreiben, um die schöne Verwandtschaft deutlich zu machen? Wenn *Vormund* auf die germanische *Munt* zurückgeht, müsste es doch eigentlich *die Vormund* heißen.
- Undsoweiter – es ließen sich noch viele Bereiche aufzählen, aber die Leserin (Leser sind immer herzlich mit gemeint) oder die Lehrerin, die die Glossen mit ihrer Klasse behandelt, wird ihre eigenen Ordnungen finden.

Jede Lektion dieses Feminars erörtert sprachliche Innovationen, die die Leserin sofort in ihren Wortschatz und ihre Grammatik übernehmen kann. Ihre Sprache wird dadurch zusehends weniger herrisch und garantiert weiblicher werden. Ich empfehle die Glossen in regelmäßigen Abständen zu sich zu nehmen, etwa eine täglich, oder alle zwei Tage, jede Woche eine – Sie werden selbst herausfinden, wie viel Sie vertragen. Die jeweilige Neuschöpfung sollte bis zur nächsten Lektion im Alltag fleißig geübt werden. Sie werden sich wundern, wie sich Ihre Weltsicht allmählich immer mehr feminisiert – und wie mühelos Sie Ihre Mitmenschen in Staunen versetzen können. Aufmerksamkeit – heute zweifellos das begehrteste Gut – wird Ihnen automatisch und in hohem Maße zuteil, je konsequenter sie die Vorschläge des Feminars umsetzen.

* * *

Mein Blog *Laut und Luise* ist interaktiv; die Leserinnen arbeiten intensiv mit, werfen in ihren Online-Kommentaren ganz neue Fragen und Aspekte auf, die sie untereinander weiter diskutieren. Immer öfter auch schicken sie mir Sprach- und Lektürefunde, die sie erfreut oder erbost haben, als Material für meinen Blog. Oder sie bitten per Email um Sprachberatung. Manchmal finden diese Fragen Eingang in eine Glosse.

Und so arbeiten immer mehr Frauen und immer öfter auch Männer mit an der Feminisierung der Sprache, des Alltags, der Welt.

Die seltsame Vormund

Neulich schickte mir eine Beamtin vom Jugendamt eine Anfrage: »Ich möchte gerne die richtige weibliche, feministische Form von *Vormund* benutzen, können Sie mir helfen? Lautet sie *Vormundin* wie im Duden? Und die Pluralform?« Meine Antwort: »Am besten kreieren Sie sich die richtige feministische Version selber, das mussten wir ja schon öfter tun (vgl. *Hausmann, Ratsfrau*, die erst belacht wurden und inzwischen gängig sind).

Das *Grimmsche Wörterbuch* meldet zu *Mund* (auch oft *munt* geschrieben): »MUND, f. schutz, schirm, gewalt, ahd. mhd. munt, ... als einzelnes wort im nhd. nicht mehr lebend, in einigen ... zusammensetzungen der älteren rechtssprache erhalten; vgl. auch *mündel*, *mündig* und *vormund*.«

Mund in diesem Sinne ist also ein Femininum; es heißt *die Mund*. Entsprechend müsste es korrekterweise auch *die Vormund* heißen, aber auch diesen Begriff haben die Männer an sich gerissen, wie alles andere. Ich plädiere also für *die Vormund* neben *der Vormund*, ähnlich wie bei *die/der Angestellte*.

Das *Grimmsche Wörterbuch* meldet des weiteren: »VORMUNDIN, f., in älterer sprache neben dem häufigeren *vormünderin*«

Es gibt auch *der Mundherr*; die entspr. *Mundfrau* müssten wir ebenfalls kreieren. – Ich rate Ihnen entschieden zu *die Vormund*, falls Sie nicht *Mundfrau/ Mundherr* vorziehen, was sich eleganter in den Plural

setzen lässt: *Mundfrauen* und *Mundherren* (statt frag-
würdiger *Vormunde* oder *Vormünder*).

Die Beamtin schrieb zurück: »Herzlichen Dank für
die Beantwortung meiner Anfrage. *Die Vormund* klingt
etwas seltsam, ich werde aber einen Versuch starten und
bin auf die Reaktion gespannt.«

Mai 2006

Knutschfreundinnen

Gestern Nacht strahlte MDR den düsteren dänischen
Film *Schwarze Ernte* von Anders Refn nach einer No-
velle von Gustav Wied aus. Falls Sie nicht gerade selbst
in düsterer Stimmung sind, sollten Sie sich den Film
unbedingt ansehen, wenn er mal wiederholt wird.

Ich habe durch den Film nicht nur einen tiefen Ein-
blick in die Abgründe patriarchalen Familienterrors tun
können, sondern auch ein neues Wort kennengelernt.
Eine der vier Töchter des despotischen Gutsbesitzers
Nils Uldahl-Ege (glänzend, widerlich: Ole Ernst) ist
lesbisch; sie knutscht manchmal verstohlen mit ihrer
Schwester, dann mit einer Freundin. Die Freundin hei-
ratet einen Nachbarn. Das Gesinde zerreißt sich das
Maul über die verlassene Anna in ihrem Liebeskummer:
»Sie kommt nicht drüber weg, dass ihre Knutschfreundin weggeheiratet hat. – Klar, die beiden waren Knutschfreundinnen, wusstet ihr das nicht? Männer haben da
nichts zu melden.«

Ich hatte das Wort *Knutschfreundin* noch nie gehört
und gebe es hiermit weiter, zu gefälligem Gebrauch.
Viele Lesben mögen ja das Wort *Lesbe* nicht, sagen z. B.
lieber *frauenliebende Frau*, was ich ein bisschen lang-
atmig und anämisch finde. *Knutschfreundin* ist saftig,

deftig und lustig. Joey Horsley und ich haben ja letztes Jahr ein Buch über berühmte Knutschfreundinnen veröffentlicht. Leider kannten wir das Wort *Knutschfreundin* aber noch nicht, als wir nach einem passenden Titel suchten. Deshalb heißt es schlicht *Berühmte Frauenpaare*. Passt vielleicht auch besser; nicht alle porträtierten Frauen waren knutschfreudig.

Mai 2006

Alle Menschen sind Lesben?

Am 26. Januar gab es auf arte den französischen Film *Neuschnee*. Zum Inhalt schrieb save.tv:

> Lea und ihre Komplizin wollen in der Weihnachtsnacht ein Kaufhaus ausrauben. Doch Lea gerät in die Fänge eines Nachtwächters. Eigentlich wollte er die Polizei rufen, aber dann verfällt er dem kühlen Charme der Lesbin Lea. …

Das Wort »Lesbin« habe ich zuvor noch nie gehört. Es gehört zu der winzigen Gruppe der abgeleiteten Feminina, denen das männliche Gegenstück fehlt. Zur »Chefin« gibt es den »Chef«, aber wo ist etwa »der Ratte« zu Günter Grassens »Rättin«? Oder »der Wöchner« zur »Wöchnerin«? Nun bringt save.tv das dritte gute Stück in diese Sammlung, die »Lesbin«, welcher »der Lesbe« fehlt. Oder vielleicht doch nicht so ganz?

Zwei schöne Geschichten aus uralten Zeiten fallen mir dazu ein, Anfang bis Mitte der siebziger Jahren, als es das Wort »Lesbe« noch gar nicht gab, nur »lesbisch« und »Lesbierin«. (Inzwischen steht »Lesbe« sogar im Duden, und das, nachdem noch im Jahr 1988 der Bundestag das Wort für seine offiziellen Verlautbarungen verbieten wollte.)

Hier die erste Geschichte, um 1970. Ich liege bei meinem netten Psychoanalytiker auf der Couch und klage darüber, dass meine Mutter es nicht verknusen kann, dass ich mich nur in Frauen verliebe. Da sagt dieser bildschöne Mann ganz ehrlich, fast naiv, einen der wenigen Sätze, die ich in vier Jahren von ihm gehört habe: »Ja aber – findet denn Ihre Mutter Frauen nicht liebenswert?«

(Tatsächlich fand sie Frauen wohl *sehr* liebenswert, besonders in ihrer Jugend, aber das durfte sie sich, bibeltreu wie sie war, nicht eingestehen, von ausleben ganz zu schweigen.)

Nachträglich kann frau wohl sagen, dass mein Psychoanalytiker ein Lesbe war – einer, der Frauen liebenswert findet.

Ähnlich argumentierte auch der Bruder einer Pastorin, die sich in mich verliebt hatte und mühsam, im Alter von 37 Jahren, ihr Coming-Out im Kreise ihrer Familie machte, allesamt HonoratiorInnen einer kleinen Stadt in Süddeutschland.

Der Bruder beruhigte sie, ganz jovial, sie solle sich darüber nicht so viele Gedanken machen. Er selber sei auch total lesbisch, er fände die Frauen unwiderstehlich.

Unwiderstehlich finde ich die Argumentation dieser beiden Männer – und sehr anmutig.

Kommen wir zurück zu der »Lesbin« aus dem Film *Neuschnee*. Ich suchte bei Google, ob das Wort sonst wo schon mal vorgekommen ist. Versuchen Sie das lieber nicht: Es eröffnen sich Abgründe von Pornographie – viel mehr, als wenn Sie »Lesbe« eingeben.

»Lesbe« ist also im allgemeinen Sprachgebrauch (wie gesagt: sogar im Duden) als politischer Begriff durchgesetzt, während »Lesbin« wohl eher von solchen

Menschen benutzt wird, die sich politisch nicht auskennen.

Aus Konfusion – sei sie bewusst oder unbewusst – kann auch Gutes entstehen. Die Anregung, alle Menschen, die Frauen lieben, als »Lesben« (männlich) bzw. »Lesbinnen« (weiblich) zu bezeichnen, finde ich wegweisend. Dafür nähme ich sogar die »Lesbin« in Kauf.

PS.: Meine Liebste, ebenfalls Lesbin (göttinseidank), ist US-Amerikanerin (derzeit eine eher stressige Identität). Neulich fragte sie mich: Was heißt dieses »lg« am Ende von Emails? Ich erklärte ihr, das käme vom Simsen und stehe für »liebe Grüße«. Schade, sagte sie, ich dachte, es hieße »lesbische Grüße«. Seitdem unterschreibt sie ihre Mails mit »llg«.

Februar 2007

Gästinnen willkommen, auch mit Adlerin

Während meiner Lesereise zum 8. März wurde ich gleich zweimal – in Mainz und in Linz an der Donau – gefragt, ob es das Wort »Gästin« wirklich nicht gebe. Die Fragerinnen waren von Männern belehrt worden, ihr Wunsch, außer »Gästen« auch noch »Gästinnen« einzuladen, sei nicht nur blöd und total überflüssig, sondern zeuge überdies von Unkenntnis der deutschen Sprache und Grammatik.

Ich sagte ihnen, erstens könnten sie im Prinzip sowieso reden, wie sie wollten, das sei ja gerade das Lustige und Kreative an der feministischen Sprachkritik.

13

Ihr Wunsch zeuge von einem schön empfindsamen Sprachgefühl, denn die feministische Grundregel lautet: »Eine Frau wird nicht mit einem Maskulinum bezeichnet.«

Und da der Mond eine Frau ist, heißt sie auf Feministisch und in allen anderen zivilisierten Sprachen eben *die Mondin, la lune, la luna* usw.

Mein Lieblingsbeispiel ist folgender Ausspruch einer Freundin über ihre Frau: »Beatrix ist meine ruhende Polin.«

Aber selbst wenn wir mal die Grammatik als Argument gelten lassen wollen, lagen bezüglich der »Gästin« eher die Frauen richtig als die vorlauten Männer: Das Wort ist keine feministische Verirrung, sondern gehört sozusagen zum Urgestein der deutschen Sprache – schon im *Grimmschen Wörterbuch* wird es ausführlich behandelt, mitsamt vielen Belegen aus dem Mittel- und sogar Althochdeutschen. Hier eine polizeiliche Verlautbarung aus Alt-Nürnberg:

> *das kein burger oder burgerin, gast oder gestin in diser stat Nuremberg ... peteln sol.*

Sehr schön ist dieser Beleg auch wegen seiner fleißigen Anwendung der Doppelform (wie aus dem feministischen Lehrbuch – wenn es sich auch leider nur um ein Verbot handelt; bei Verboten machen die Herren schon gerne deutlich, dass auch die Frauen gemeint sind).

Und was ist nun mit den Adlerinnen? Die gehören inhaltlich auch hierhin; ich wurde auf der Lesereise auch nach ihnen gefragt, und nach Falkinnen. Da das aber eine längere Geschichte ist, behandle ich sie ein anderes Mal (s. *Die Eier des Staatsoberhaupts*, S. 140-142). Für heute möchte ich nur noch einmal bekräftigen: Benutzen Sie so viele Feminina, wie Sie können. Die Mondinnen, Adlerinnen und Gästinnen werden sich geehrt und respektiert fühlen. Gar nicht zu reden von den ruhenden Polinnen!

März 2007

Titelei

Passend zu Ostern kommt heute ein Ei bzw. eine Titelei.

Mit Titeln hatten wir es hier ja schön öfter. Die »Frau Bundeskanzlerin« geht uns, nach nur kurzer Einarbeitungszeit, inzwischen allen locker von den Lippen. Nicht so die »Frau Doktorin« oder »Frau Professorin«. Eine Freundin schrieb mir neulich empört, die Bahn hätte aus ihrer »Dr.in« auf der Bahncard einen »Dr. Ing.« gemacht. Ebenso empört meldete eine andere Freundin, ihr Word-Rechtschreibprogramm hätte das Wort »Linkshänderin« nicht akzeptiert und stattdessen »Linkschänderin« angeboten. Da sage noch einer, wir schändeten die deutsche Sprache mit unseren Feminisierungen. Wir schänden lediglich Links.

Eine Frau, die vor etwa 20 Jahren an der Uni Salzburg promovierte und statt des »Doktortitels« den Titel »Doktorin« haben wollte, belehrten die Beamten süffisant, die weibliche Form von »Doktor« laute »doctrix« – »Doktorin« sei als Titel leider nicht vertretbar, schon aus sprachlichen Gründen. Die ItalienerInnen, immerhin die legitimen ErbInnen der hier an den Haaren herbeigezogenen lateinischen Sprache, sind da nicht so pingelig. Eine Doktorin bekommt den titel »dottoressa«; »dottore« fänden die ItalienerInnen für eine Frau wohl grotesk.

Vor vielen Jahren wurde die unverwüstliche Dauerfrage deutscher Stammtischbrüder »Wie rufe ich bloß nach der Kellnerin? Auf *Frollein* hören die ja heutzutage nicht mehr« von der Gesellschaft für Deutsche Sprache aufgegriffen für eine ihrer Preisfragen. Den ersten Preis bekam der Vorschlag: »Frau Ober«. Dann doch lieber »Mutter Oberin«, gell?

Die Begründung für die seltsame Preisverleihung lautete: »Ober« sei die Abkürzung von »Oberkellner« – und selbstverständlich auch für »Oberkellnerin«. Nach dieser Sichtweise wäre »Prof.« die Abkürzung sowohl für »Professor« als auch für »Professorin«. Aber »Dr.« funktioniert anders, es besteht aus Onkel Doktors erstem und letztem Buchstaben. Dementsprechend müsste Tante Doktorin (wir sagten als Kinder natürlich »Tante Doktor«) mit »Dn.« oder »Drn« abgekürzt werden. Und die Behörden würden das wieder berichtigen zu »Dirne«, »Dämon«, »Domina« oder was ihnen sonst so einfällt.

Ein Leser schickte mir neulich den Hinweis auf Dr. Robin Herbert. Ja wer mag das sein? Wir denken an Robin Hood oder Robin Williams, schreibt er – käme irgendjemand auf die Idee, dass Dr. Robin Herbert eine Frau ist? Nein! Da Dr. Herbert zur Frau des Jahres ernannt wurde, habe sich die Tatsache ihrer Weiblichkeit vielleicht herumgesprochen. Sicher sei man aber nie, findet er – wenn ein Mann Frauenminister werden könne wie seinerzeit Herbert Haupt in Österreich, wäre es den Jungs auch zuzutrauen, dass sie einen Mann zur Frau des Jahres ernennen. Und deshalb, so argumentiert er völlig zu Recht, muss es heißen: Doktorin Robin Herbert.

Falls es uns aber alles zu lästig wird mit der Feminisierung der Titel, sollten wir uns einfach mit »Hoheit«, »Exzellenz«, »Eminenz«, »Spektabilität«, »Magnifizenz« oder »Majestät« anreden lassen – garantiert weiblich und schön weit oben angesiedelt, wie es uns zukommt. Für jeden Tag ließe sich leicht ein passender weiblicher Titel finden. Am Sonntag z. B. ist doch die Anrede »Ihre Heiligkeit« sehr schicklich und kleidsam!

Ich entnehme diese Anregung zur Selbsthilfe aus Wikipedia. Dort finde ich unter dem Stichwort »Titel« bzw. »Namenszusatz« natürlich keine Frauen.

Aber eben doch eine sehr nette Anregung: »Städte können sich einen Namenszusatz verleihen« – warum also nicht auch wir?

7. April 2007 (Karsamstag)

Die Schutzmatrone

Neulich redigierte ich einen Text über Königin Friederike von Hannover (1778-1841). Folgende Formulierung verusachte mir feministisches Magendrücken: *Königin Friederike, die Namenspatronin des »Friederikenstifts«* ...

Ich eliminierte die *Patronin* und änderte das zu: *Das »Friederikenstift«, benannt nach Königin Friederike* ...

Der Autorin teilte ich mit, viel lieber noch hätte ich ja von Friederike als »Namensmatrone« gesprochen. Aber das Wort ist wohl noch nicht allgemein anerkannt, was sage ich – außer mir hat es wohl noch kaum ein Mensch benutzt. Dabei setze ich mich schon seit 20 Jahren für die Wiederbelebung der Matrone ein, nämlich immer dann, wenn wieder mal die Frage aufkommt, wie wir denn »einen weiblichen Schutz- oder Namenspatron« oder auch »einen weiblichen Schirmherrn« nennen wollen. *Patronin* von Lateinisch *pater* »Vater« erinnert nur aufdringlich ans Patriarchat und an Patronen, damit will eine Frau, die auf sich hält, nix zu tun haben. Und schließlich nennen wir ja eine Mutter auch nicht *Vaterin*!

Die Wörter *Namens-* und *Schutzmatrone* wären also mehr als naheliegend, einsatzbereit sitzen sie da, aber niemand will sie, die Matronen.

Das *WDG (Wörterbuch der Deutschen Gegenwartssprache)* vermeldet zum Stichwort *Matrone*: »ältere, ehrwürdige Frau« und bringt als Beispiel: »eine würdige, beleibte, majestätisch dahinschreitende M.« Mit der Würde und Majestät könnten wir uns wohl anfreundinnen, aber dies »ältere« und noch dazu »beleibte« (freundinlicher: *stattliche*), das mögen wir gar nicht.

Um die Matrone liebzugewinnen, müssten wir erst mal gehörig an unserer Altenfeindlichkeit und an unserem von der Diätindustrie gemästeten Ekel vor der Körperfülle arbeiten. Es kann also noch dauern, bis wir unserer »inneren Matrone« die Freiheit geben. Vielleicht hilft uns ja Godwards »Römische Matrone« auf die Sprünge (Abb. rechts).

Dabei wäre *die Matrone* auch insofern angenehm, als sich aus ihr per Rückbildung *der Matron* entwickeln ließe. Wir hätten dann das bildschöne Paar *die Matrone und der Matron*. Denn: wo eine Patronin denkbar, ja sogar üblich war, müsste im Zuge der Gleichberechtigung auch der Matron seine Heimat finden.

Soll der Schirmherr bzw. Patron froh sein, dass wir ihn nicht *Knirps* bzw. *Mutterich* nennen.

Nachtrag: FemBio-Mitfrau Anne Beck schickte wichtige Infos über die neu angefachten Diskussionen zur Erweiterung des erlauchten, aber misslich benannten Kreises der Europa-Patroninnen. Bisher haben wir da die drei Heiligen Birgitta von Schweden, Katharina von Siena und Edith Stein. Neu hinzukommen soll im Jahre ihres 800. Geburtstags 2007, so hofft die thüringische

Tourismusbranche, die heilige Elisabeth von Thüringen. Soll uns alles sehr recht sein, solange diese heiligen Matronen nicht weiter unnötig patronisiert werden.

August 2007

Angela Merkel übernimmt das Matronat über die Ausstellung »2000 Jahre Varusschlacht«

Zu meiner letzten Glosse (*Die Schutzmatrone*) schickten mir viele Frauen wichtige Informationen:
1 Kühne Matronen setzen sich schon lange und entschlossen für die Aufwertung und Wiederbelebung der »Matrone« ein. Patricia teilt uns überdies Folgendes mit:

»Auch benenne ich zuweilen selbstkritisch meine Firmenführung als eine »maternalistische«, was in der üblichen (Wirtschafts-)Literatur im Gegensatz zum Paternalismus ebenfalls selten bis nicht vorkommt. (Google auf Deutsch: 25.400 zu 70 bei paternalistisch-maternalistisch, immerhin.)«

2 Außer den Schutzmatronen und Namensmatronen gibt es noch viele andere Matronen, besonders die berühmten Drei Matronen keltischen Ursprungs, die anscheinend ganz besonders in der Eifel und in Südtirol verehrt wurden und werden. In Südtirol werden sie auch »Die drei Bethen« genannt. Heidi schickte uns ein wunderschönes Bild von Aubet, Cubet und Quere bzw. Ampet, Gewer und Bruen (die drei sind unter vielen Namen bekannt und beliebt).

Ich selbst habe mir doch von einer Reise nach Köln eine kleine Gipsnachbildung der *Drei Matronen* für meinen Hausaltar mitgebracht. Die drei behalten seit Jahren traulich und getreulich meine Wohnungstür im Auge, begrüßen freundinlich die GästInnen und vertreiben böse Eindringlinge – wie konnte ich sie nur vergessen!

Also, liebe Matronen: Bethen und arbeiten! Übrigens: Wenn frau bei Google nach »Schutzmatrone« sucht, wird erst mal ungläubig nachgefragt: »Did you mean ›Schutzpatrone‹?« Für »Das Bild der Matronen« fragt Google: »Did you mean ›Das Bild der Matrosen‹«? Aber es wird schon werden, wenn wir zügig weiter nerven.

Nun aber endlich zu unserer Großen Staatsmatrone Angela Merkel. Was lese ich überall im Internet über sie? Dass sie nach der Schirmherrschaft über den G8-Gipfel in Heiligendamm schon wieder diese oder jene Schirmherrschaft übernommen hat.

Wir Matronen sollten uns diese sprachliche Schlude-
rei verbitten und die Kanzlerin daran erinnern, dass sich
das Wort »Schirmherrschaft« für eine Frau nicht schickt.
»Schirmherrinschaft« hilft auch nicht weiter, ist eher
noch schlimmer. Viel prägnanter und eleganter ist »Matronat«

Heute früh hörte ich beim Spülen eine Podcast aus der
schönen WDR-Serie »Zeitzeichen«. Zu ihrem 290. To-
destag wurde der heiligen Rosa von Lima (1586-1617)

gedacht. Sie war die erste Heilige des amerikanischen Kontinents und wurde von irgendeinem Papst zur Schutzmatrone beider Amerikas und der Philippinen ernannt. Ziemlich stattliches Einflussgebiet, Rosa! Und wann wird Benedikt die andere Rosa, immerhin eine Polin wie sein Vorgänger, zur Europamatrone ernennen?!

August 2007

Triumwirrwarr in der New Yorkerin

In der neusten Ausgabe des *New Yorker* (Sept. 3 & 10, 2007), die dem Essen gewidmet ist, schreibt die Europa-Korrespondentin Jane Kramer eine lange Hymne über die Kochbuchautorin Claudia Roden und ihre elf Bücher über die Mittelmeerküche.

Weltberühmt ist Rodens Standardwerk *Middle Eastern Food*.

Außer Claudia Roden haben noch zwei weitere smarte Frauen den BritInnen kulinarisch auf die Sprünge geholfen: Elizabeth David und Jane Grigson. Oder, wie Jane Kramer es ausdrückt:

> [Roden] is the youngest, and last, of a triumvirate of hungry, highly literate and ethnographically indefatigable women who helped transform how Britain cooked ...

Merkwürdiges Triumvirat (zu Deutsch: *Dreimännerherrschaft*, von lateinisch *tres* »drei« und *vir* »Mann«, wie in *viril*). Jane Kramer setzt das Wort nicht in Anführungsstriche. Im amerikanischen Englisch wird *triumvirate* eben im Sinne von »group of three powerful people« verwendet. Leo bietet dementsprechend als Übersetzung *Dreigestirn* an, nur für historische Texte *Triumvirat.*

Der virile Beigeschmack des Triumvirats ist den AmerikanerInnen anscheinend unbekannt oder schnurzpiepe. Die klassische Tradition des Abendlands gilt in der Neuen Welt nicht mehr viel. Old Europe, forget it.

Na ja, wir haben ja auch unsere *Frauenmannschaften* und ähnliche Abartigkeiten. Die Männersprache ist international und quicklebendig.

Kommen wir somit zu einem noch ernsteren Anliegen, dem *New Yorker* selber – dem wohl anspruchsvollsten (für *sophisticated* haben wir kein passendes Wort) und zugleich beliebtesten Magazin für Kultur und Politik. Erscheint wöchentlich, 1,1 Millionen AbonnentInnen weltweit. Auch wir haben das handliche Magazin abonniert und lesen es gerne und regelmäßig.

LeserInnenschaft: überwiegend weiblich. AutorInnen: überwiegend männlich. Behandelte Themen: überwiegend männlich. Auf zehn Männerporträts kommt ein Frauenporträt. Auch die Kurzgeschichten, die der *New Yorker* sich in dieser literaturfernen Zeit leistet und für die er fast so berühmt ist wie für seine schrägen Cartoons, sind überwiegend von Männern. Wer einmal eine Kurzgeschichte im *New Yorker* veröffentlichen konnte, ist in der internationalen Literaturszene ein gemachter Mann. Gemachte Frau? Wie das schon klingt!

Aber es kommt vor: Dass Alice Munro weltweit anerkannt ist, verdanken wir dem *New Yorker*, der fast alle ihre wunderbaren Short Stories zuerst veröffentlichte. Auch Rachel Carsons *Silent Spring* und Hannah Arendts *Eichmann in Jerusalem* wurden zuerst im *New Yorker* gedruckt, in Fortsetzungen.

THE NEW YORKER

Auch aus diesem Grund werde ich *den New Yorker* ab sofort *Die New Yorkerin* nennen. *The New Yorker* ist ja geschlechtsneutral und sollte entsprechend mit *Die New Yorkerin oder der New Yorker* wiedergegeben werden. Da ist *Die New Yorkerin* schon einfacher. Nicht einverstanden? Dann vielleicht *Das New Yorker*? Schließlich heißt es *das* Magazin. Mit *Die Süddeutsche* ist auch nicht eine Frau gemeint, sondern eine Zeitung.

Ja aber, *das New Yorker* oder meinetwegen auch *die New Yorkerin* hat doch als Logo diesen Dandy, eindeutig ein Mann, der New Yorker eben.

Macht nichts, nobody is perfect. Das wusste schon Osgood Fielding III.

Nachtrag: Eben lese ich die neue »Newsletta« der Feministischen Zeitschrift *Wir Frauen*. Sehr gute Lösung unseres Problems, werde ich gleich nachmachen: »Die New Yorka« – auch ne schöne Frau!

September 2007

A und O

In meiner letzten Glosse schlug ich vor, die Zeitschrift *The New Yorker* mit »Die New Yorkerin« zu übersetzen.

Die wahre Erleuchtung kam mir erst nach dem Verfassen der Glosse, als ich die Newsletta der Zeitschrift *Wir Frauen* gelesen hatte. Das war's doch: Nicht umständlich *die New Yorkerin*, sondern frisch, froh und frech: *Die New Yorka*. Mit der Endung *-a* können wir Weiblichkeit deutlich machen, ohne sie sinnwidrig und selbsterniedrigend an die männliche Endung *-er* anzuhängen; vielmehr ersetzt das *-a* das *-er*. Sprachliche Symmetrie, die uns das herrkömmliche Deutsch nur selten gönnt, stellen wir ab sofort selber her.

Meine sprachbewussten Freundinnen, die ihre Kater Mario, Ilso und Monikus nennen, haben meistens Ansprachen folgender Art auf ihrem Antwortgerät gespeichert: »Dies ist die Anrufbeantworterin von Helga Landfrau. Leider bin ich im Moment nicht vorhanden (kicher) …« Helga kann jetzt das peinliche *Anrufbeantworterin* löschen und traulich von ihrer Anrufbeantworta sprechen. Dito von ihrer Rechna, Staubsauga, Brieföffna, Dosenöffna, Büstenhalta, Geschirrspüla und nicht zuletzt von ihrer Compute oder Pute, bekannt und beliebt schon seit 1982. Unsere Umwelt soll schöner werden! Unser Leben (vita?) weiblicher, von der ersten Rülpsa bis zur letzten Seufza.

Unseren Freundinnen (amicas?) und Fans (es heißt *die* Fan) schreiben wir nonchalant: »Soll ich deine/Ihre Email-Adresse in die Verteila für meine Newsletta aufnehmen?«

Übrigens: Meiner Freundin Heidi aus Bozen ist *Email* nicht weiblich genug, sie sagt stattdessen *Emilia*: »In deiner letzten Emilia schreibst du …« Ich fand das erst gewöhnungsbedürftig, nun aber gefällt mir die *Emilia*, obwohl sie ja von *Emil* abgeleitet ist. Neinnein protestieren die Bozenerinnen bzw. die Bozenas oder Bozenen. Eben nicht abgeleitet, sondern symmetrisch: *Emilia, Emilio* wie *Papagena/Papageno* oder *ragazza/ragazzo, amica/amico, italiana/italiano*. Ja, die Italienas haben es besser.

In den heftig frauenbewegten Siebzigern fanden manche Frauen es beleidigend, sich als »hetero« einordnen zu sollen: »*-o* riecht so streng nach Mann, das passt uns nicht.« Flugs wurde das Wort *hetera* kreiert, von Lesben bald auch als Substantiv gebraucht und herablassend zu »Hete« abgekürzt. Ich erinnere mich noch gut daran, wie ich aus dem beschaulichen Konstanz 1978 zum erstenmal in die rasante Berliner Frauenszene geriet und lesbe lässig Sätze sprach wie diesen: »Erika ist zwar eine Hete, aber kann trotzdem noch was draus werden.« Ich hatte damit Mühe nicht nur als Landei und mitfühlender Mensch, sondern auch als Altphilo016.

Falls Ihnen an dieser Glosse irgendwas komisch vorkommt, vergessen Sie nicht:

> Es lacht der Mann, hoho
> Es lacht die Frau, haha.

September 2007

Gibt es männliche Säugetiere?

Eben haben wir ein paar nützliche Feminina vorgestellt, *Schornsteinfega*, *Lehra*, *Busschaffna*, *Verlega*, *Lokführa*, *Taxifahra* undsoweiter. Die leidige Frage nach dem *Bürgerinnen- und Bürgerzentrum* erledigt sich: Es heißt jetzt *Bürgazentrum*, *Bürgasteig* und *Fußgängazone*.

Marianne ärgerte sich, dass ihr »Körper«, obwohl schön und weiblich, grammatisch ein Maskulinum ist. Also machten wir daraus kurzerhand eine *Körpa*.

Grammatisch total unbefriedigend sind auch *der Busen*, *der Vamp*, *das Model* und *das Mannequin*. Nichts hindert uns daran, daraus *die Busen*, *die Vamp*, *die Model* und *die Mannequin* zu machen – von *Vampe* würde ich hingegen abraten!

Mamma mia! Womit wir beim heutigen Thema angekommen wären. Früher behandelte ich die weiblichen Oberbegriffe für Männliches in meiner Glosse »Verwitwetes Brautpaar mit Geschwistern im Gestüt«. Der befremdende Titel zählt einfach die wenigen deutschen Exemplare dieser Gattung auf:

– *Witwer*, abgeleitet von *Witwe*
– *Brautpaar*: Das Paar besteht üblicherweise nicht aus zwei Bräuten, sondern aus Braut und Bräutigam (Letzterer wird sprachlich einfach untergebuttert)
– *Gestüt* (nicht: *Gehengst* oder *Gewallach*)
– *Geschwister*, von *Schwestern*; zu den Geschwistern zählen auch die Brüder.

Vergessen habe ich damals *die Säugetiere*: »Das namensgebende Merkmal der Säugetiere ist«, so vermeldet Wikipedia, »dass das Weibchen die neugeborenen Kinder mit Milch ernährt, einer Nährflüssigkeit, die in Milchdrüsen produziert wird.«

Wir sehen Männchen und Mann untergebuttert unter das namensgebende, säugende Weibchen, kurz: *die Säuga*. Trotzdem wird allgemein nicht von den *Säugerinnen* geredet, erst recht nicht von den *Säugas*. Es heißt *die Säuger*.

Nun wollen wir da mal ein bisschen begriffliche Ordnung schaffen: die Säugetiere gehören auf die eine, die Saugetiere auf die andere Seite. Oder auch Säugas hier und Sauger dort. Säugas säugen, Sauger saugen. *Säugen* gehört zu den kausativen Verben, wie *fällen* (zu *fallen*) und *tränken* (zu *trinken*). Säugetiere säugen nicht nur, sie saugen natürlich auch. Aber namensgebend ist die Tatsache, dass sie saugen lassen (kausativ!). Die Antwort auf die Frage im Titel ist also: Männliche Säugetiere gibt es nicht, strenggenommen.

Der Hinweis, dass auch Männer saugen lassen, z. B. Bill Clinton, ist nicht stichhaltig. Derartige Versuche, sich zum Säugetier zu entwickeln, haben die Fachwelt bisher nicht überzeugen können.

September 2007

Die Marketenda
oder Fragen Sie Frau Luise

Meine sprachtherapeutische Praxis ist rund um die Uhr geöffnet. Kleinere Beratungsfälle werden zügig und meist kostenlos erledigt; umfangreiche Gutachten gegen Honorar.

Vor 25 Jahren bat mich eine Examenskandidatin der Uni Bremen um ein Gutachten. Mann hatte ihre Examensarbeit abgelehnt – wegen des Titels: »Wie wird frau Jazzerin oder warum wird sie es nicht?« Die Behörde herrschte die Kandidatin an, das Wort »frau« stünde nicht im Duden; sie solle gefälligst ihre Überschrift neu formulieren.

Ich konnte diese Schikane entkräften, indem ich den Spieß umdrehte und nachwies, dass auch das Wort »Hausfrau« nicht im Duden stand (tat es damals wirklich nicht, ulkigerweise) – und die Behörde aufforderte, aus Gerechtigkeitsgründen nun auch jede Examensarbeit über Hausfrauen abzulehnen.

Inzwischen haben beide Wörter ihr gemütliches Plätzchen im Duden gefunden.

Das Beispiel zeigt, dass die Lösung eines sprachpolitischen Problems manchmal ganz woanders liegt, als frau es sich zunächst gedacht hätte. Es braucht ein wenig Phantasie und Chuzpe, um die Bürohengste auf Vorderfrau zu bringen.

Neulich fragte mich meine Freundin Heidi aus Bozen, die hier schon öfter anregend eingewirkt hat, was frau statt »kaufmännische Leiterin« sagen könne. »Kauffrau« drücke ja die Leitungsfunktion nicht aus.

Frau Luise griff in ihren Medizinschrank und produzierte Folgendes:

Die schicken Leute sagen doch heute nur noch:

CEO = chief executive officer

CFO = chief financial officer = kaufmännische Leiterin

CMO = chief marketing officer = kaufmännische Leiterin

Oder wie wär's mit *Marketenderin*? Zur Not einfach *Verkaufsleiterin*, *Marketing-Leiterin*, *Leiterin Marketing*, *Leiterin Finanzen* (je nachdem, was sie zu tun hat). Ganz zur Not auch einfach: *kauffrauliche Leiterin*.

Der kauffraulichen Leiterin gefiel *Marketenderin* am besten, hörte ich. Ob sie es hat durchsetzen können? Inzwischen haben wir uns ja zu der noch kühneren

Variante *Marketenda* emporgearbeitet – viel Glück damit!

Apropos »kauffraulich«. Da ist doch auch dies unleidliche Wort »fachmännisch«. Oft sagen enragierte Frauen stattdessen »fachfräuisch«. Klingt ja fast wie »säuisch«, jedenfalls reimt es sich darauf. Der *ä*-Umlaut und die Endung *-isch* stammen noch aus dem *männisch* und sind ganz und gar entbehrliche Vatermale. Also *fachfraulich*. Aber viele Frauen mögen gar nicht »fraulich« sein, nicht mal »fachfraulich« (während es für Männer anscheinend nichts Wichtigeres gibt, als männlich zu sein). »Unbeschreiblich weiblich« – das hat doch was, aber »unbeschreiblich fraulich«? Die Werbung setzt voll auf »feminin« – »fraulich« kommt in der Hochglanzwelt nicht vor, ist eher etwas für Matronen (s. S. 17-22) und deftige Marktfrauen. Und schon sind wir wieder bei der Marketenda!

Es wird vermutlich noch ein Weilchen dauern, bis wir Matronen auch das Wort »fraulich« nobilitiert haben. Für die Übergangzeit empfiehlt sich »fachkundig«: *Er ruiniert den Motor fachmännisch, sie repariert ihn fachfraulich* (wenn sie Mut hat) *oder fachkundig*. Bei fraulichem Wetter (schöne Idee von Anne, *fraulich* erst mal statt *herrlich* zu benutzen).

September 2007

Putins Niederkunft

Dieser Tage erreichte mich eine Anfrage vom Frauen-
büro Mainz. Anne Knauf schrieb:

> Gibt es eigentlich einen anderen Begriff für »Nieder-
> kunft der Ehefrau«? Wissen Sie, woher der Begriff
> stammt?
> Ich bürste gerade Verwaltungsvorschriften ge-
> schlechtsneutral, da laufen mir seltsame Begrifflich-
> keiten über den Weg. Zum Kontext: Es geht um
> »geregelte Anlässe für eine Dienstbefreiung unter
> Fortzahlung der Bezüge«. So wird beispielsweise für
> die »Niederkunft der Ehefrau« ein Arbeitstag, für
> den »Tod des Ehegatten, eines Kindes oder Eltern-
> teils« zwei Arbeitstage gewährt. Der Tod der Ehe-
> gattin ist bisher noch nicht erwähnt. Wäre ich ein
> »Elternteil«, würde ich mich sicher auch schon länger
> gegen diesen Begriff wehren.

Recht hat Anne Knauf; viel bleibt noch zu tun. Aber
eins nach dem anderen.

Niederkunft erinnert fatal an »Niederlage«, »Nieder-
tracht«, »niedrige Beweggründe« und »darniederliegen«
– wenig passend zu dem »freudigen Ereignis«.

Die gesamte Sprache rund um Schwangerschaft und
Geburt gehört auf Vorderfrau gebracht. Keine findet es
schön, »in anderen Umständen zu sein«, »Umstandsklei-
der« zu tragen und zu guter Letzt im »Kreißsaal« her-
umzukreißen. Da kreißen ja die Hühner!

Mein digitales Duden-Wörterbuch findet auch, »Niederkunft« passe nicht mehr in unsere Zeit und schlägt
stattdessen »Entbindung« vor. Zur Herkunft des Worts
erfahre ich: »*niederkommen* ›gebären‹ (mhd. *nider ko-
men* ›herabfallen, herunterkommen; zu Bett gehen, sich
hinlegen‹), dazu *Niederkunft* »Entbindung« (17. Jh.).«

Geburt und *Entbindung* sind akzeptable Wörter; sie haben für den vorliegenden Zweck nur den Nachteil, dass sie sich sowohl auf die Mutter als auch auf das Kind beziehen, sogar eher noch auf das Kind. Wir sprechen von der »Geburt des Kindes« und der »Entbindung des Kindes«, nicht von der »Geburt der Ehefrau«. Auch »Entbindung der Ehefrau«, obwohl in dieser Richtung etwas weniger festgelegt, könnte Scherzbolde dazu verleiten, die Ehefrau als neugeborenes Baby anzusehen. *Niederkunft* hat bei aller Hässlichkeit den Vorteil der Fokussierung auf den mütterlichen Anteil der Geburtsarbeit. Und nur um den geht es ja in dem obigen Verwaltungstext: Da die Ehefrau wegen ihrer Geburtsarbeit für die Hausarbeit entfällt, soll der Ehemann dafür einen Tag freikriegen.

Aber warum auf rüde Scherzbolde Rücksicht nehmen? Mein Vorschlag für Anne Knauf wäre somit:

> *Entbindung der Ehefrau* oder
> *Geburtsarbeit der Ehefrau*

Das Wort »Niederkunft« eignet sich aber, gerade weil es so schön altmodisch ist, bestens zur Erheiterung. Joey und ich fliegen dauernd zwischen Boston und Hannover hin und her und erwarten jeweils ungeduldig die »glückliche Niederkunft« der anderen.

Noch hübscher macht sich eine Niederkunft für Persönlichkeiten, denen wir sie niemals zugetraut hätten:

> Putins Niederkunft in Heiligendamm erfolgte zehn Minuten nach der Bushs. Beim anschließenden Gala-Diner genas Putin eines Brötchens und Bush einer Frikadelle.

September 2007

Wir sind Weltmeista!

Heute Nachmittag habe ich mir im Fernsehen das End-
spiel der Fußballweltmeistaschaft in Shanghai angesehen – wow! Über die brasilianischen und die deutschen
Fußballerinas oder -ballerinen ist nicht viel zu sagen,
die waren einfach phänomenal, ja geradezu fembional.
Aber die Leistung des Reporters Norbert Galeske
möchte ich hier mal fachfraulich bewerten. Zuerst aber
noch ein Wort über das Absingen des Deutschlandlieds.
Die Frauen sangen fröhlich mit, stockten nicht mal bei
den unhöflichen Wörtern »brüderlich« und »Vater-
land«. Na vielleicht dachten sie an einen schnuckeligen
kessen Vater. Nur Birgit Prinz nahm die Lippen nicht
auseinander. Recht hat sie. Da muss sich erst noch einiges tun mit diesem Lied für einen Männergesangverein.
   Was hat uns nun der Reporter sprachlich geboten?
A Positiva:
– Seine Haltung war im Allgemeinen anerkennend und
   respektvoll – ein wohltuender Unterschied zu herab-
   lassenden Kommentatoren der Vergangenheit, die vor
   gröbsten Sexismen nicht zurückschreckten. Nichts
   dergleichen bei Galeske. Genauso positive Noten bekommt unser Innen- und Sportminister Schäuble für
   seine verbale Leistung nach dem Sieg der deutschen
   Frauen. Er strahlte vor Glück – auch das haben wir
   gern.
– Dafür, dass er die Brasilianerinnen beim Vornamen
   nannte, entschuldigte sich Galeske – das sei halt in
   Brasilien so üblich, auch bei den Männern, z. B. hieße
   es doch immer nur Ronaldo und Ronaldinho. Früher
   hätte der Reporter auch die deutschen Spielerinnen
   plump vertraulich beim Vornamen genannt und keinerlei Erklärung für nötig gehalten.
– Fast immer wurde von den *Spielerinnen*, den *Brasilia-*

nerinnen, den *Norwegerinnen* usw. gesprochen, nur selten gab es da Ausrutscher ins vertrautere Maskulinum. »Kapitänin Birgit Prinz« und »Torfrau Nadine Angerer« kam dem Reporter schön geläufig von den Lippen.

B Negativa:
– Das Wort *Mannschaft* gebrauchten sie alle, die Spielerinnen, ihre Trainerin Silvia Neid und auch der Reporter. Das viel passendere *Team* kam nur selten zum Einsatz, von dem ausdrucksvollen *Frauschaft* erst gar nicht zu reden.
– Wir sind jetzt »Frauenfußballweltmeister«. Oder einfach »Wir sind Weltmeister«. Aber gegen diese Verunglimpfung der Frau haben wir ja einen akustischen Selbstschutz entwickelt. Wir hören das einfach als »Wir sind Weltmeista«, wie wir es schon eingeübt haben. »Wir sind Weltmeisterin« – nein, dafür war ich früher mal. Jetzt sind wir was Besseres.
– Mann redet von »Fußball« auf der einen und »Frauenfußball« auf der anderen Seite. Im Skisport und in anderen Sportarten, wo Frauen schon früher Fuß gefasst haben, gibt es Damen und Herren (»Abfahrtslauf der Herren«, »Damentennis«). Im Fußball gibt es dagegen bisher nur Frauen. Der Männerfußball heißt – noch – »Fußball«. Aber das wird sich ändern, genauso wie die »Frauenfußballmannschaft« (klingt fast wie »Frauenmännerklo«).

September 2007

Ausblick:
Unsere Kanzlerin teilte bei ihrer ersten Neujahrsansprache dem verdutzten Volk mit: »Die Frauen sind ja schon Weltmeista, und das trauen wir den deutschen

Männern auch durchaus zu.« Nun, unsere Männer haben's nicht ganz geschafft, die deutschen Frauen dagegen gleich zweimal hintereinander, das gab's hier noch nie. Noch dazu ohne ein einziges Gegentor während der gesamten Weltmeistaschaft. Von daher glaube ich, dass mit »Fußball« bald nur noch »Frauenfußball« gemeint ist. Was die Männer bieten, ist dagegen – na ja, eben Männerfußball.

Bürgerkommune im Direktsaft

Bei Aldi in der Schlange. Mein Vordermann hat einen Block mit Saftkartons auf das Band gehievt. »Direktsaft« lese ich und frage ihn, »Was ist das denn? Das Wort habe ich noch nie gehört.« »Weiß ich auch nicht«, meint er. »Soll aber sehr gut sein.« »Hauptsache!«, sage ich, und wir lachen beide.

Vom Direktsaft direkt zur Direktkommune. Ja, das war's doch! Schon seit Wochen suche ich nach einem brauchbaren Ersatz für das Wort *Bürgerkommune*; eine Bürgerin der Stadt Herford hatte mir nämlich geschrieben:

> Herford will eine »Bürgerkommune« werden. Der Begriff stört mich; ich weiß aber keine knappe, ebenso einprägsame sprachliche Alternative, die Frauen und Männer gleichzeitig anspricht. *Bürgerinnen- und Bürgerkommune* ist halt gleich sperriger. Wüssten Sie vielleicht ein richtig gutes, geschlechtergerechtes Wort? Viele Grüße aus Herford!«

Ich denke, es gibt – wie so oft – zwei Möglichkeiten: Wir können das Symptom kurieren – oder die Krankheit. Mit anderen Worten: Wir können einen hübschen

Ersatz nur für »Bürgerkommune« suchen oder eine Lösung für alle Fälle entwickeln, die wie die »Bürgerkommune« funktionieren, z. B. *Bürgerzentrum, Bürgersteig, Pendlerpauschale, Mitfahrerzentrale, Lehrerzimmer, Fußgängerzone, Wählerinitiative, Mieterverein, Kanzleramt, Führerschein, Staatsbürgerschaft, Weltmeisterschaft* etc. pp.

Erstens – Therapie für das Symptom

Was ist überhaupt eine Bürgerkommune, werden die meisten fragen. Im Wesentlichen geht es, wie Wikipedia mitteilt, um »BürgerInnennähe« und Mitwirkung der BürgerInnen an der Gestaltung der Kommune. Als Alternativen zu *Bürgerkommune* sind mir dementsprechend bisher folgende Wörter eingefallen:
– Graswurzelkommune
– Mitmachkommune
– Zivilkommune (wie *Zivilgesellschaft* und *Zivilcourage*, von lat. *civis* »BürgerIn«)
– Eigenkommune, wie *Eigenheim*.

Am besten aber gefällt mir im Moment »Direktkommune«, wie *Direktverbindung, Direktzugang* oder »Die Kanzlerin direkt«, Angela Merkels Video-Podcast. Abkürzbar zu *D-Kommune*, was auch noch schön nach *Deutschland* klingt. Die BürgerInnen werden vielleicht nicht wissen, was *Direktkommune* bedeuten soll, aber erstens gilt das genauso für »Bürgerkommune«, und zweitens ist das ja, wie das Beispiel *Direktsaft* zeigt, auch gar nicht nötig. Hauptsache, sie wissen, dass es was Gutes ist. Und dafür steht schon das *D* wie *Deutschland*, oder erhebt da etwa eine Einspruch?

Wir haben bereits gelernt, dass sich die Endung -*a* für diverse Reparaturmaßnahmen an der deutschen Männersprache vorzüglich eignet (s. S. 25 f.). Inzwischen finde ich dieses -*a* besonders hilfreich für Fälle wie »Bürgerkommune«. Wir machen daraus einfach eine Bürgakommune und entsprechend: *Pendlapauschale*, *Fußgängazone*, *Lehrazimmer* etc.

Diese Wörter klingen wie die alten, schreiben sich aber fortschrittlicher. Das -*a* zeigt an, dass beide Geschlechter gemeint sind. Bei den alten Wörtern auf -*er* haben wir Bürgerinnen diesbezüglich unsere berechtigten Zweifel.

Auf unser aller Wohlsein in der *D-Kommune, Direktkommune* oder *Bürgakommune* trinke ich nun einen herzhaften Schluck Direktsaft. Und wenn demnächst eine andere Herforderin statt *Herford* lieber *Frauford* sagen möchte, werde ich abraten. Herr fort? Ausgezeichnet!

November 2007

Übung macht die Maestra

Nach dem Feminar zur Sprachkritik in Bozen luden meine Freundinnen Heidi und Ingrid mich zum Abendessen ein. Beim Nachtisch (Eis mit selbstgemachtem Holunda-Likör) diskutierten wir das Problem von Ingrids »master's thesis«, die sie in Kürze abgeben muss. Sie macht damit, nach vier Semestern Studium, ihren »Master of Advanced Studies in Palliative Care« am IFF, dem Institut für Fortbildung und Forschung der

Uni Klagenfurt. Die Arbeit muss in geschlechtergerechtem Deutsch abgefasst sein, sonst wird sie nicht angenommen.

Diese Vorschrift ist einerseits sehr erfreulich, andererseits kann Ingrid ihr ja nicht gut nachkommen, wenn sie die Arbeit mit »Master-Arbeit von Doktorin Ingrid W.« untertitelt. Was tun?

»Ich spreche in letzter Zeit öfter von meiner *Webmeisterin*«, schlug ich vor. »*Webmaster* steht einer Frau nicht, *webmistress* geht höchstens als Witz und ist für seriöse Geschäftskorrespondenz nicht geeignet.«

Aber *Meisterinnenarbeit* gefiel uns auch nicht. Zu lang und zu plump.

Bis zur europaweiten Einführung des Master-Studiengangs sprachen wir ja von der *Magistra-Arbeit*. Die Durchsetzung dieses Worts hat viel Einsatz gefordert – nun ist es schon wieder überholt.

Maastricht? *Maastrix*? – wir drifteten ab ins Absurde, was bei solchen Diskussionen immer schnell passiert.

Maestra – kam mir plötzlich die Erleuchtung. Sie gefiel uns allen auf Anhieb.

Maestro ist international die ehrfürchtige Anrede für Dirigenten; für Dirigentinnen hat sich *Maestra* durchgesetzt. Eine schöne Assoziation, viel schöner als die an »master and slave«.

Und für eine Südtirolerin, die als Kind ihre Grundschullehrerin als »Maestra« ansprach, eine sehr naheliegende und vertraute Lösung.

Nun ist Ingrid bald selber eine Maestra.

Die Leute an der Uni Klagenfurt, die über die geschlechtergerechte Sprache zu wachen haben, werden von Ingrid und ihrer Maestra-Arbeit entzückt sein.

Und ich spreche ab sofort nur noch von meiner Webmaestra.

Sind sonst noch Master-Ektomien fällig? (Variation des berühmten Wortspiels von Mary Daly: Lieber MisterEctomy als HysterEctomy). Die Master-Card und die Maestro-Card können so bleiben – oder?

November 2007

Ihr Matenkind und sein Patenkind

Heidi aus Bozen wurde neulich Patentante der kleinen Anna Sofie, und wie wir diese Wortklauberin kennen (so nennt sie sich selbst), ist sie mit den Bezeichnungen »Patin«, »Patentante« und »Patenkind« gar nicht einverstanden. Riecht alles zu streng nach »Pater«, »Patriarchat« und Mafia – und was hätten wir Frauen damit zu schaffen?

Abgesehen von den Mafia-Assoziationen ist die »spirituelle Elternschaft« aber in Italien sprachlich sehr hübsch geregelt, neben dem *Padrino* (Patenonkel) haben wir die *Madrina* (Patentante). So auch im Spanischen. Auch im Englischen herrscht oder frauscht Symmetrie: *godfather*, *godmother* und *godchild*, dito im Schweizerdeutschen: der *Götti* steht neben der *Gotte* oder *Gotti*.

Der altmodische *Gevatter* ist wohl kein brauchbarer Ausgangspunkt für eine passende Bezeichnung, erstens wegen *Gevatter Tod*, zweitens *Gemutter*?? Nein, das passt nicht, schon gar nicht für Heidi.

Meine Mitschwestern von »Safia e.V – Lesben gestalten ihr Alter« haben ja das Problem schon lange für sich gelöst. Als ich ihrer Schwesternschaft beitrat, wurde ich von Anke Schäfer herzlich begrüßt: »Ich bin deine Mate«. In den offiziellen Verlautbarungen heißt es noch »Patin«, aber die Safias haben das untereinander und informell schon bestens geregelt. Sehr empfehlenswert auch anstelle von »Mentorin« und »Mentee«: Mate und Mati!

Mate erinnert an den südamerikanischen Mate-Tee und an das englische Wort »mate«, das wir bald wieder viel hören werden, wenn Hillary sich ihre oder ihren »running mate« für ihr Präsidentschaftsticket auswählt.

Ja, *Mate* gefällt mir, es hat so vielfältige und überwiegend positive Anklänge und Verwandtschaften, dagegen sind die Assoziationen für den »Paten« dürftig bis finster.

Ob wir allerdings die oder den P-Mate unbedingt brauchen, um wie die Paten und ihre Geschlechtsgenossen im Stehen pinkeln zu können, weiß ich nicht so recht.

Dezember 2007

Ein anderes Wort für »Ehrenmord«

Wir haben die Ehrenbürgerin, das Ehrenamt, die Ehrensache, den Ehrendoktor – lauter höchst ehrenwerte und ehrenhafte Dinge. Was hat das furchtbare Verbrechen »Ehrenmord« in dieser ehrenwerten Versammlung zu suchen? – Das mögen sich schon viele gefragt haben.

Wenn wir von der Tat einmal absehen und uns nur dem Wort zuwenden, müssen wir natürlich feststellen, dass es viele Wörter gibt, die ähnlich locker gestrickt sind und deshalb Betroffene wütend machen.

Nehmen wir das Wort »Kunstfehler«. Was hat ein Kunstfehler noch mit Kunst zu tun, werden sich die Opfer einer verpfuschten Operation verzweifelt fragen.

Die Sprachgemeinschaft bleibt ungerührt und redet weiter von »Kunstfehlern«. Im Englischen heißt das *malpractice* – und die Prozesse dagegen scheinen aussichtsreicher als die gegen »Kunstfehler«.

Oder nehmen wir Manfred Hausmanns Geschichte über Kunst. Der kleine Martin fragt den Vater: »Was ist Kunst?« Der gibt ihm eine lange, kindgerechte Erklärung. Danach fragt Martin: »Und was ist Kunstdünger?«

Mag die Beziehung zwischen »Kunst« und »Kunstdünger« belustigend sein und die zwischen »Kunst« und »Kunstfehler« bedenklich – die Verkopplung von »Ehre« und »Mord« zu »Ehrenmord« ist schlicht unerträglich.

In ihrem hervorragenden Film »betrifft: ›Ehrenmorde‹: Verfolgte Töchter, verlorene Söhne« benutzt Susanne Babila nahezu ausschließlich den Ausdruck »Mord im Namen der Ehre«, sicher um abwegige Assoziationen an »Ehrenamt« etc. zu meiden.

Aber, so gibt Rolf Löchel in seiner lesenswerten Rezension von Seyran Ateş' »Der Multikulti-Irrtum« (www.literaturkritik.de/public/rezension.php?rez_id= 11450) zu bedenken:

Tat und Motive sind gerade nicht ehrenhaft, sondern im Gegenteil ganz und gar verächtlich. Der zweite Teil des Begriffs Ehrenmord bringt nun zwar Niederträchtigkeit und Verwerflichkeit der Tat angemessen zum Ausdruck, doch legt sein erster Teil (Ehre) das Missverständnis nahe, die Motive der Mörder seien immerhin ehrenhaft und daher irgendwie, wenn schon nicht legitim, so doch irgendwie verständlich.

Um nun deutlich herauszuarbeiten, dass das Konzept des *namus* [der türk. Begriff ›namus‹ wird mit *Ehre* übersetzt, unterscheidet sich aber wesentlich vom dt. Begriff ›Ehre‹ – LFP] kein akzeptables Ehrkonzept ist, sondern dass im Gegenteil die denkbar niedrigsten aus Tradition und Religion gespeisten Beweggründe hinter den Morden stehen, ist es sinnvoll, den ersten Teil des Begriffs in Anführungszeichen zu setzen, und zwar nicht in doppelte, die den Wortteil »Ehre« nur als Zitat beziehungsweise dem Selbstverständnis der Mörder entsprechende Begrifflichkeit kennzeichnen würden, sondern in einfache, welche die Ablehnung des mörderischen Ehrkonzeptes signalisieren. Darum ist es – wie in diesem Text – vorzuziehen, von ›Ehren‹-mord zu schreiben.

Nur – wer kennt sich schon aus mit diesen Feinheiten bis hinein in die einfachen oder doppelten Anführungsstriche? Auch für die gesprochene Sprache helfen Anführungszeichen nicht weiter.

Kurz, wir brauchen ein anderes Wort für diese Verbrechen.

Ich fragte Joey: »Was könnten wir denn sagen anstelle von ›Ehrenmord‹?« »Schwestermord«, sagte sie, ohne zu zögern.

Manchmal ist es auch ein Tochtermord. Manchmal wird auch der Freund der Tochter oder Schwester umgebracht oder beide. Aber das Wort trifft – »Schwester« wird einfach im umfassenden Sinn gebraucht, so wie »Bruder« in »Alle Menschen werden Brüder«.

Brudermord und Vatermord gelten in unserer Kultur als Inbegriff der ruchlosen Tat. Fremde Männer umzubringen mag nach dieser Mordslogik noch angehen, aber den eigenen Bruder, den eigenen Erzeuger? Auch Muttermord kommt hin und wieder vor, z. B. soll Nero seine eigene Mutter umgebracht haben und gilt bis heute als widerwärtiges Monstrum.

Das Wort »Schwestermord« ist seltsamerweise noch nicht »besetzt« – wohl weil stattdessen »Ehrenmord« gesagt wird. Das sollte aufhören. Wir sagen »Schwestermord«, bis die Schwestermorde aufhören.

Januar 2008

Beauvoir, Busch und böse Buben

Vor hundert Jahren, am 9. Januar, wurde Simone de Beauvoir geboren. Am selben Tag starb Wilhelm Busch. Beauvoir gilt als Begründerin des modernen Feminismus, Busch als der Erfinder der Comics. Jede von ihnen schuf ein Werk, das weltbekannt wurde, *Das andere Geschlecht* bzw. *Max und Moritz*.

Ich kam zufällig auf diese Koinzidenz und diese Parallelen, als ich über das Wort *Jugendgewalt* nachdachte, passend zu den Wahlen in Hessen und der von Roland Koch hochge*koch*ten öffentlichen Diskussion darüber.

Frauen kritisieren die Begriffe »Jugendgewalt« und »Jugendkriminalität« seit langem. »Jugendgewalt« wird – wie Gewalt überhaupt – zu rund 85 Prozent männlichen Tatverdächtigen zugeschrieben (Polizeiliche Kriminalstatistik 2006). Es müsste deshalb *Jungengewalt* und *Jungmännergewalt* heißen.

Früher war die Sprache genauer und entschiedener. Sie kennt viele Ausdrücke, die »Jugendstraftaten« unmissverständlich bösen Buben zuordnen: *Dummejungenstreiche, Spitzbube, Lausbube, Lausebengel, Lausejunge, Lausekerl, Lauselümmel, Rotzbengel, Rotzjunge, Rotzlöffel*. Weibliche Pendants für diese ein- und ausdrucksvolle Reihe scheint es nicht zu geben. Hier brave

Mädchen, dort böse Buben und schwere Jungs. Die Ausdrücke zeigen aber auch, dass die verlausten »Lausejungen« und die »Rotzjungen«, die kein Taschentuch für ihren Rotz haben, verwahrloste, im Stich gelassene Kinder sind. Wo sind die Eltern von Max und Moritz? Anscheinend haben sie keine.

»Max und Moritz« ist »eine Bubengeschichte in Sieben Streichen«. Keine Mädchengeschichte. Manche Streiche waren eher harmlos (Maikäfer im Bett), andere lebensgefährlich (angesägte Brücke, Schießpulver in der Pfeife). Typisch für die Streiche ist ihre Mutwilligkeit, oft erfüllen sie keinen anderen Zweck als den, Schaden anzurichten und Schrecken auszulösen. Meist legen Max und Moritz nicht selbst Hand an, sondern lassen ihre Opfer in Fallen tappen, so dass sie deren Unglück in aller Ruhe und schadenfroh als Voyeure genießen können. Schadenfreude gilt als typisch deutsches Hobby: Andere Sprachen kennen den Begriff gar nicht und haben ihn aus der deutschen Sprache übernommen. Buschs Bildergeschichten verkauften sich umso besser, je grausamer sie waren, und so lieferte er Grausames, was das Zeug hielt.

Ob »Streiche«, »Jugendgewalt« oder »Jungengewalt« – am Ende ereilt die beiden Buben die »gerechte Strafe«: Erst werden sie im Ofen gebacken – das überleben sie noch. Danach werden sie von Bauer Mecke in der Mühle zu Schrot gemahlen: »Gott sei Dank! Nun ist's vorbei mit der Übeltäterei!« Bauer Mecke wird nicht bestraft.

Todesstrafe für Jungengewalt? Ist das vielleicht die Lösung? Offenbar nicht. Keineswegs ist's vorbei mit der Übeltäterei. Die haben wir immer noch. Manche meinen, gewalttätiger denn je.

Und was hat das alles mit Beauvoir zu tun? – Von ihr stammt der berühmte Satz: Wir werden nicht als Frauen geboren, wir werden dazu gemacht.

Der Satz gilt natürlich auch für Männer, und auch für »Lausbuben« bzw. jugendliche Gewalttäter. Aber wenn wir die bösen Buben weiter mit den braven Mädchen in einen Topf werfen und das Problem als »Jugendgewalt« verunklaren, bekommen wir es nicht in den Griff.

Nachtrag: Anne Beck wies mich auf Jürgen Neffes Artikel »Risikofaktor Mann« (taz, 2003) hin (www.taz. de/ 1/archiv/archiv/?dig=2003/03/08/a0321) mit Kernsätzen wie diesen: »Wer der Gewalt Einhalt gebieten will, muss ran an den Mann. Und zwar möglichst früh. – Als Kriminologe wird man zum Feministen.« (Christian Pfeiffer, Prof. für Kriminologie, Ex-Justizminister Niedersachsen) »Verbrechen ist männlich. Nicht Gewalt und Kriminalität bedrohen unsere Gesellschaftsordnung, sondern Männer.« (Dieter Otten, Prof für Soziologie).

Januar 2008

Frauinnen, Stierinnen, und Patriarchinnen

Früher war ich Steinbock, meine Schwester Wassermann und mein Bruder Jungfrau.

Heute bin ich Steinziege, meine Schwester Wasserfrau und mein Bruder noch immer Jungfrau. Die Männer sind in ihrer maskulistischen Sprachkritik etwas zurückgeblieben.

Eine meiner Freundinnen ist Stier. Kuh – nein, das will sie nicht sein. Lieber Stierin. Jedes Mal, wenn sie stolz verkündet, sie sei Stierin, brüllen wir vor Lachen, wie die Stierinnen.

Zum internationalen Tag der Frau war ich zu einer Tagung über Frauen, Sprache und Politik nach Magdeburg eingeladen. Das Ankündigungsplakat zierte ein

Cartoon von Hogli (Amelie Glienke), auf dem ein Herr seine Zuhörerinnen anredet mit »Liebe Frauinnen«. Anscheinend braucht er noch etwas Nachhilfe in Sachen Frauensprache.

Aber wie ist es mit *Matriarchin* – ist das ein sinnvolles Wort oder nicht? So wird meist die Leitkuh einer Elefantinnenherde genannt. Auf Englisch wäre das *matriarch*, ganz ok. Aber *Matriarchin* – ist das nicht in etwa so blöd wie *Frauin*?

Zum Tag der Frau 2008 brachte *arte* das Porträt »Suna – Die türkische Patriarchin« von Kadriye Acar. Der Film über die Politikerin, Clanchefin und Feudalherrin aus Südostanatolien ist sehr sehenswert und aufschlussreich. Suna Kepoğlu aus der Region Diyarbakır, letzte Überlebende der Herrscherfamilie, übernahm mit 23 Jahren sämtliche Funktionen eines »ağa« (Feudalherrn). Würde sie allerdings heiraten, fiele das gesamte von ihr beherrschte Gebiet an den Ehemann.

Der wesentliche Unterschied zwischen einem Patriarchen und einer »Patriarchin« ist also dieser: Ein Patriarch kann keinen Mann heiraten und muss daher auch nicht automatisch sämtliche Rechte an einen Ehemann abtreten.

Dies ist ein Schulbeispiel dafür, inwiefern der Ehemann die Frau »zur Frau macht« (vgl. Beauvoir »wir werden dazu gemacht«): Nur solange sie unverheiratet ist, ist sie »herrenlos« = frei und wird von ihren UntertanInnen als »Patriarch«, quasi als Mann, angesehen und anerkannt.

Mich interessiert hier aber vor allem das Wort *Patriarchin*. Eigentlich ein Widerspruch in sich, ähnlich wie *Stierin* und *Steinböckin*. Oder auch *Männin*, *Herrin* und ihre Ableitungen:

Amtmännin
Staatsmännin
Landsmännin
Bauherrin
Hausherrin
Ratsherrin
Schirmherrin
Feudalherrin

Für die meisten dieser lachhaften Ausstülpungen unserer Männersprache Deutsch haben wir inzwischen neue Wörter gefunden und durchgesetzt:

Da ist die Amtfrau, die Staatsfrau, die Landsfrau, die Ratsfrau und die Matrone (früher: *Schirmherrin*, vgl. »Die Schutzmatronin«, S. 17-19). Dem Obmann wurde direkt die Obfrau beigesellt, ohne Umweg über eine »Obmännin«. Bei »Baufrau« fremdeln die meisten noch, auch sind *Hausfrau* und *Hausdame* keine Pendants für *Hausherrin*. Das braucht also noch ein wenig Tüftelei am Wortschätzchen.

Und was tun wir nun mit der »Patriarchin«?

Ich schlage vor, dass wir *Patriarchin* hier als Fehlübersetzung einordnen. *Clanchefin*, sogar *Feudalherrin* sind sinnvollere Entsprechungen für das türkische »ağa«.

Suna Kepoğlu ist schließlich keine Eva Herman, die sich Ehrentitel wie *Patriarchin* oder auch *Mackerin* redlich verdient hat. Rein bildlich gesprochen natürlich, wie bei meinem Bruder, der immer noch Jungfrau ist.

März 2008

»Die fröhliche Landfrau« von Schumann

Über die neue Dating-Show der ARD »Ich weiß wer gut für dich ist« schreibt die *HörZu*: »Junges und Frisches genießt Priorität im Ersten, wie Ilka, einer von elf Singles ....

»Ilka der Single« – klingt schon komisch.

»Fragen Sie den Coach«, heißt eine Kolumne in der *FAZ* zum Wochenende, und der Coach heißt Sonja Streit.

Diese Übernahmen aus dem Englischen sind im Original alle geschlechtsneutral, werden im Deutschen aber automatisch männlich, egal wie unsinnig das sein mag. *Der Babysitter* z. B. – ist fast immer ein Mädchen oder eine Frau. Dito *der Teenager* – dass Teenager Mädchen sind, ist so selbstverständlich, dass die weibliche Form »Teenagerin« nicht mal existiert, anders als etwa bei der *Managerin*. Auch *der Vamp* kommt mir eher weiblich vor, über *den Freak* und *den Nobody* ließe sich diskutieren ...

Aus einem Podcast über Mikomoto, den japanischen Erfinder der Perlenzucht, erfuhr ich, dass »Perlentaucher« fast immer Perlentaucher*innen* sind – offenbar können Frauen unter Wasser viel länger die Luft anhalten.

Frauen werden durch Vermännlichung unsichtbar gemacht, unsere Tätigkeiten, Leistungen und Fähigkeiten werden den Männern zugeschrieben, und durch Metaphorisierung (wie im Falle des populären Web-Portals »Perlentaucher«) wird die feindliche Übernahme fortgesetzt: Männer produzieren einen Haufen Feuilletons, darunter gibt es sogar ein paar Perlen, und die bringt uns »der Perlentaucher« zuverlässig nach oben, zur Kenntnis. – Natürlich kennen wir das alles schon bis zum Abwinken; dennoch ist es wichtig, sich die Einzelfälle klarzumachen und dies und das parat zu haben, wenn wieder die alte Frage kommt »Habt ihr nichts Wichtigeres zu tun, als ewig an der Sprache rumzukritteln?!«

Praktischer als kritisieren und diskutieren ist jedoch zügig feminisieren: Wenn wir *die/der Abgeordnete* haben, ist *die/der Coach, die/der Teenager, die/der Babysitter, die/der Single* nur logisch und eindeutig die bessere Entsprechung des Originals.

Zum Abschluss eine schöne Anekdote von dieser Spielwiese. Bei einem unserer letzten Telefonate erzählte Joey, sie habe jetzt den Cellopart in einem Klaviertrio übernommen, und da sie alle sehr aus der Übung seien, spielten sie zum Aufwärmen erst mal »The Happy Farmer«. »Und was ist das?«, fragte ich – dann dämmerte es mir: Sie spielen den »Fröhlichen Landmann« von Schumann (welche Klavierschülerin kennt nicht diesen Ohrwurm) in einer Bearbeitung für Klaviertrio.

Ich prustete los, verstand erst gar nicht wieso – aber irgendwie fand ich »The Happy Farmer« für den ehrwürdig-biederen »Fröhlichen Landmann« aus meinen Kindertagen unwiderstehlich komisch.

»The Happy Farmer« ist aber nicht nur komisch, sondern vor allem schön englisch neutral, genau wie *coach, babysitter, single, teenager, pearl diver.*

Gut möglich, dass englischsprachige Kinder sich eine fröhliche Landfrau vorstellen, wenn sie »The Happy Farmer« klimpern.

März 2008

Geburtstag

Vorgestern hatte Kate Geburtstag. Ich habe ihr gratuliert, aber nicht Joey, ihrer Mutter. Das fiel mir erst nachträglich ein. Als meine Mutter noch lebte, habe ich zu meinem Geburtstag immer ihr gratuliert. Wohl ist es ein Grund zum Feiern, dass ich vor Jahrzehnten mal »das Licht der Welt erblickte«, aber gratuliert wird doch meist zu einer Leistung, einer bestandenen Prüfung, einer überstandenen Operation. Sicher ist eine Geburt anstrengend auch für das Baby, aber die Mutter erlebt die Anstrengung bewusst und hat vorher monatelang Zeit, sich darauf gefasst zu machen. Eine besonders ehrliche junge Mutter, Anke Sieber, gestand mir einmal: »Alle sagen immer, eine Geburt ist das Größte, was du erleben kannst. Wenn mir vorher jemand verraten hätte, wie grauenvoll das in Wirklichkeit ist, hätte ich mich nie darauf eingelassen. Aber dann steckst du fest und musst da durch, du kannst nicht mehr zurück.«

Das Überleben einer solchen Tortur verdient jedes Jahr ein rauschendes Fest – für Mutter *und* Kind.

»Ich bin in Gütersloh geboren.« Dieser Satz klingt ganz normal, dabei ist er grammatisch seltsam. Ich wurde in Gütersloh geboren, liebevoll erzogen, einige Male operiert, dann wurde ich eingeschult, später konfirmiert. Aber nie würde ich sagen: »Ich *bin* in Gütersloh erzogen, operiert, eingeschult und konfirmiert.«

»Ich bin in Gütersloh geboren« ist dagegen gängige Redeweise. Dass ich geboren *wurde*, von meiner Mutter unter großen Schmerzen und nach beschwerlicher Schwangerschaft – von dieser unwesentlichen Kleinigkeit ist in dem Satz nichts mehr übriggeblieben. Das so genannte Zustandspassiv wird mit *sein* statt *werden* gebaut und ergibt üblicherweise Sätze wie »Sie ist frisch operiert, gut versorgt und bestens untergebracht«. »Ich bin geboren« passt nicht in die Reihe. Geborensein ist, anders als Versorgtsein, kein Zustand. Nein, hier (und nur hier) dient die Konstruktion dem totalen Ausblenden der Mutter.

Die Feministin Marianne Wex schrieb in ihrer Selbstdarstellung für das Buch *Feminismus: Inspektion der Herrenkultur*, das ich 1983 herausgab: »Meine Mutter Ingeborg Magdalena gebar mich 1937 in Hamburg am 13. Juli. Sie lebte in großem Elend, in einer Situation, die Familie genannt wurde.« Ja, so kühn und eigenwillig formulierte frau damals noch.

Marianne Wex lenkt die Aufmerksamkeit von sich weg auf ihre Mutter, die sie gebar. Das ist eine sehr bewusste feministische Korrektur der allgemeinen Sehweise, die die Mutter eliminiert.

Als Herausgeberin von Frauenbiographien bekomme ich täglich Sätze wie »Sie wurde in Bebra als Tochter eines Bierkutschers geboren« auf den Tisch, auch von frauenbewussten Frauen. Sie folgen einfach gedankenlos der Tradition, nach der nur der Beruf des Vaters aussagekräftig ist. Die Mutter – war ja eh bloß – Muttertier, völlig vorhersagbar. Feministinnen wie Marianne Wex sehen das anders. Vorhersagbar oder nicht – es geht einfach darum, weibliche Leistungen zu würdigen.

Und was sollen wir von der Redeweise halten, dass meine Mutter mich am Tag meiner Geburt »zur Welt brachte«? Auf der Welt, nämlich im Bauch meiner Mutter, war ich da doch schon neun Monate lang gewesen. Oder gehörte meine Mutter während der Schwangerschaft etwa nicht zur Welt?

Am Tag der Geburt ist das Kind zwar schon monatelang »auf der Welt«, aber erst an diesem Tag »erblickt es das Licht der Welt« – falls es Lust hat, die Augen zu öffnen.

Wie all diese Beispiele zeigen, wird die Geburt eher aus der Sicht des Kindes gesehen. Ich nehme an, das liegt daran, dass Männer nicht gebären können – für die meisten eine fremde Welt, die praktisch nicht existiert. Für die Abtreibungsproblematik gilt dasselbe – wenn Männer sich auch mit der Mutter identifizieren könnten, gäbe es vermutlich viel weniger Streit. Aber sie können sich auf der kreatürlichen Ebene nur mit dem Kind identifizieren, deshalb sind die meisten instinktiv schon mal gegen die Abtreibung: Sehr beunruhigende Vorstellung, dass ausgerechnet das schwache Geschlecht am Hebel sitzt und dem Herrn der Schöpfung nicht nur »das Leben schenken«, sondern auch nehmen kann.

Ist schon recht, wenn wir dem Geburtstagskind zu seiner Überlebensleistung gratulieren. Aber nicht die Mutter vergessen, die ihr »das Leben schenkte«. Etwas blumig, der Ausdruck, und ähnlich problematisch wie »zur Welt bringen«. Bleiben wir beim guten alten »gebären«. Passt auch am besten zu *Geburtstag*.

April 2008

Fräude, schöner Göttin Funken

Am 18. April war ich in dem schönen FrauenBildungshaus Altenbücken an der Weser für ein Seminar mit Frauen der feministisch-matriarchalen Akademie Alma Mater. Im Vorfeld hatte mir Astrid Wehmeyer geschrieben »Ich fräue mich«, und fräudig schrieb ich zurück, »ich fräue mich auch«. Schließlich sind *Fräude, erfräulich* und *fräuen* für die Silbe *fräu* ein viel hübscheres Ambiente als *Fräulein*!

Im Laufe des Seminars erkundigte ich mich dann nach dieser Wortschöpfung und erfuhr, dass Dagmar Margotsdotter Fricke sie hervorgebracht hat, um daran zu erinnern, dass *Freude* von *Frau* kommt, was ja in der modernen Schreibweise gar nicht mehr zu erkennen und daher völlig in Vergessenheit geraten sei.

Die meisten Teilnehmerinnen des Studiengangs benutzten die neue Schreibweise selbst eifrig und fräuten sich über Dagmars Erfindung. Andere lehnten sie ab, *Fräude* erinnere sie zu sehr an *Räude*. Ich sagte, mich erinnere diese Schreibweise auch an *Räude*, aber mir leuchte der Bezug von *Frau* zu *Fräude* unmittelbar ein, die Assoziation an *Räude* fände ich dagegen eher abwegig, etwa wie die von *Frau* an *rau*.

Ich gestand dann, von einer etymologischen Verwandtschaft zwischen *Frau* und *Freude* hätte ich allerdings noch nie etwas gehört. Wieder zu Hause, las ich in einigen etymologischen Wörterbüchern nach – auch sie wollen nichts davon wissen, sondern meinen, *Freude* und das verwandte *froh* gingen eher auf *Frosch* zurück, wegen des Hüpfens! Also wirklich.

Erfräulicher ist da wie immer das *Grimmsche Wörterbuch*; die famosen Brüder geben zu, »dies *freuen* gehört zu *froh*, *fravi* und *frauja*« – verraten allerdings nicht, dass *frauja* und *fraujo* »hochgestellte Persönlichkeit« bedeuten, *frauja* die männliche und *fraujo* die weibliche. Wundert uns nicht, dass hochgestellte Persönlichkeiten auch hochgestimmt sind und sich fräuen! *Fraujo* wurde später zu *Frau* abgekürzt; für den hochgestellten Mann setzte sich *Herr* durch.

Ich fand auch sonst noch viel Hübsches unter dem Stichwort *freuen* im *Grimmschen Wörterbuch*, aber darüber vielleicht ein andermal mehr. Einstweilen wollen wir uns einfach fräuen und mit Schillern die *Ode an die Fräude* singen, seit 1985 auch offizielle Europahymne:

Fräude, schöner Göttin Funken,
Tochter aus Elysium,
Wir betreten feuertrunken,
Himmlische, dein Heiligthum.

Nebenbei liefern diese vier Zeilen auch ein brauchbares Argument gegen das angeblich geschlechtsneutrale »generische Maskulinum«. In der *Ode an die Fräude* redet Schiller die Fräude als »Tochter« an und preist sie als »Himmlische«. Obwohl *Fräude* ein Abstraktum ist, denkt der Dichter, weil es ein Femininum ist, nur an holde Weiblichkeit. Von uns, Lieschen Müller und Otto Normalverbraucher, aber erwartet mann, dass wir bei maskulinen Personenbezeichnungen wie *jedermann* oder *König Kunde* an Frauen denken. Unsinnig und sehr unerfräulich!

April 2008

»Eigenartige Personen« –
Lesbos hat Probleme mit dem L-Wort

Ende April meldeten diverse Zeitungen Erregung aus Richtung Lesbos: Dimitris Lambrou, Chefredakteur der konservativen Zeitschrift »O Davlou«, und zwei Einwohnerinnen der Insel Lesbos wollen einer griechischen Organisation von Lesben und Schwulen verbieten, das Wort *lesbisch* zu benutzen: »Wir wenden uns gegen die willkürliche Nutzung des Namens unserer Heimat von Personen, die eigenartig sind«, heißt es unter anderem in der Klageschrift. »Sie empfänden es als ›beschämend‹, den Namen ihres Geburtsortes zu nennen, da er weltweit mittlerweile etwas völlig anderes bedeute. Der

Antrag soll in Athen am 10. Juni behandelt werden.«
(HAZ, 30.4.2008)

Wenn ihnen das Gericht in Athen Recht gibt, wollen sie weiter gegen die »eigenartigen Personen« prozessieren, erst EU-weit und dann mit Hilfe der EU weltweit.

Ich denke, bald wird Sparta nachziehen und den Gebrauch des Wortes *spartanisch* im Sinne von »dürftig« verbieten. Spanien wird die *spanische* Grippe verbieten, England die *englische* Krankheit (Syphilis), Frankreich die *französische* Krankheit (Syphilis) und Paris den *Pariser*.

Und dann die Berliner – höchste Zeit, dass sie den Bäckereien verbieten, ihre Schmalzkrapfen *Berliner* zu nennen. Ein US-Amerikaner fragte mich einmal, ob Kennedy damals tatsächlich (sinngemäß) verkündet hätte »Ich bin ein Schmalzkrapfen«. Ich konnte ihn beruhigen, das Wort *Berliner* hätte zwei Bedeutungen, und sein Präsident wäre schon richtig verstanden worden!

Hier haben Berlinerinnen definitiv einen Vorteil, genau wie Amerikanerinnen, die mit dem Zuckergussgebäck namens *Amerikaner* nicht verwechselbar sind. Auch die Frankfurterinnen, Wienerinnen und Pariserinnen können frohlocken, weil sie nicht an Frankfurter oder Wiener (Würstchen) oder gar an Kondome erinnern. Und wie Helke Sander schon bündig festgestellt hat, ist auch die Hamburgerin im Gegensatz zum *Hamburger* keine Bulette oder Frikadelle! (Googeln Sie »fembio« und »Hamburgerin«.)

Seit *French fries* (= Pommes frites) wegen des französischen Widerstands gegen den Irakkrieg in den Kantinen US-amerikanischer Regierungsgebäude zu *freedom fries* wurden, habe ich nicht mehr eine so groteske Geschichte gehört wie die, die uns da aus Lesbos erreicht.

Frau darf gespannt sein, wie der Streit entschieden wird. Für den Fall, dass wir uns bald umbenennen müssen, haben deutsche Lesben ja schon lange vorgesorgt: BürgerInnen der Insel Lesbos heißen auf Deutsch *Lesbier* und *Lesbierinnen*, nicht etwa *Lesben*.

Wenn das nicht genügt, können wir die raffinierte Praxis von Daphne du Maurier aufgreifen und erst mal *venezianisch* statt *lesbisch* sagen. Klingt auch viel schöner.

Wenn dann Venedig protestiert, sagen wir einfach *urnisch*, *Urninge* und *Urninden*, wie einst die Grünen, denen der Bundestag noch im Jahre 1988 den Gebrauch der »Gossenausdrücke« *Lesben* und *Schwule* untersagte! (Siehe Luise F. Pusch, *Die Frau ist nicht der Rede wert: Aufsätze, Reden und Glossen*, 1999, S. 37-67.)

Das Eigentor aus Lesbos zeigt, dass dort einige nicht klar denken können. Gefühle der Scham werden nicht durch Verbote neutralisiert, sondern durch offizielle Anerkennung und Aufwertung. Lesben sind nicht eigenartig, sondern großartig. Wirtschaftlich unvernünftig ist der Vorstoß allemal, denn viele zahlungskräftige Lesben zieht es nach Lesbos einzig wegen des Namens und der großartigen Tradition. Lesbos täte gut daran, die rückständige Clique um Lambrou zur Ordnung zu rufen und die von Sappho begründete Tradition stolz zu feiern, statt sie zu schmähen. Zum Beispiel mit einem Sappho-Preis für lesbische Literatur oder für die Lesbe des Jahres.

Sonst könnten Lesben und Schwule sich auf andere Traditionen besinnen und sich *griechisch* oder *katholisch* nennen. Dann wird es erst mal lustig!

Mai 2008

Jubilate Deo

Bei jenem Seminar mit Frauen der feministisch-matriarchalen Akademie Alma Mater, von dem ich schon berichtet habe (»Fräude, schöner Göttin Funken«, S. 52-
54), habe ich außer *fräuen* noch ein anderes schönes
Wort gelernt.

Während der Vorstellungsrunde erzählten die Teilnehmerinnen von ihren Berufen und Tätigkeiten. Eine
sagte: »Ich bin Jubilate.«

Merkwürdig, dachte ich, aber da die Runde das anscheinend ganz selbstverständlich fand, wollte ich nicht
unterbrechen und beschloss, die Jubilate im Anschluss
zu fragen, was das denn sei, eine Jubilate.

Ich kannte *Jubilate* nur aus dem Lateinunterricht (»ju-
belt, jauchzt, frohlockt«), als komplizierten Kanon, den
wir drei Kinder mit unserer Mutter beim Spülen und
Abtrocknen sangen und als Bezeichnung für den dritten Sonntag nach Ostern, benannt nach dem Beginn des
66. Psalms, *Jubilate Deo = Lobet den Herrn* oder *Jauchzet dem Herrn* oder *Jauchzet Gott (in allen Landen).*
Ja, im christlichen Kulturgut wurde ich gründlich un-
terwiesen. Das Seminar fand übrigens direkt nach dem
Sonntag Jubilate statt.

Weiter ging es mit der Vorstellungsrunde, und alsbald
erklärte eine zweite Frau: »Ich bin auch Jubilate.« Jetzt
konnte ich meine Neugier nicht mehr bezähmen und
fragte: »Und was heißt das?«

Das heißt »Rentnerin«, erklärten sie mir, und *Jubilate*
gefiele ihnen viel besser als das olle *Rentnerin.*

Klar, *Rentnerin* klingt kaum nach Jubel.

Die Idee käme von Erni Kutter, sagten sie, und es sei
ein Import aus dem Spanischen. Dort heißt die Rentnerin *jubilada* und der Rentner *jubilado.*

Zu Hause dachte ich weiter über die Jubilaten nach. Mir fiel ein, dass eine Freundin sich *Freifrau* nannte, als sie »in Rente ging« – aber dieses Wort benutzen auch schon geschiedene und sonstwie befreite Frauen. Statt »Ich bin geschieden/Witwe/ledig/kinderlos« oder »die Kinder sind aus dem Haus« heißt es einfach »Ich bin Freifrau«.

Damit nun die Anzahl der Freifrauen nicht ins Uferlose wächst, nennen wir die Rentnerinnen Jubilaten. Sehr erfräulich!

Und was ist nun mit Jubilate Deo? Das ist ein besonders hautfreundliches Deo für die Jubilate.

Mai 2008

Whoever she may be ...

Am vergangenen Dienstag gewann Hillary Clinton erwartungsgemäß die Vorwahlen in Kentucky mit einem gewaltigen Vorsprung – sie bekam 65 Prozent der Stimmen, Obama 30 Prozent. In ihrer Siegesrede verkündete sie strahlend und mit einem Augenzwinkern: »I'm going to keep making our case until we have a nominee, whoever she may be.« Zu Deutsch ungefähr: »Ich werde weiter für unsere Sache kämpfen, bis wir eine Kandidatin haben, wer sie auch sein mag.«

Dieses kühne und lustige »whoever she may be« stellt die gängigen Sprachregeln auf den Kopf – und macht sie dadurch erkennbar. Normal wäre »whoever he may be« gewesen oder auch »whoever it may be«. Auf Deutsch hätte Hillary eigentlich sagen müssen »… bis wir einen Kandidaten haben, wer es auch sein mag.« Die Grammatik schreibt ihr sprachlichen Selbstmord vor. Aber das macht Hillary nicht mit, und so wird die andere verbliebene Kandidatin halt ein wenig verweiblicht. Was Hillarys Rivalin ja nur erfreuen kann, wenn sie wirklich so fortschrittlich denkt, wie alle behaupten.

Traditionell hat der Mann die grammatische Vorherrschaft. 99 Sängerinnen und 1 Sänger sind auf Deutsch 100 Sänger, die Frauen können zusehen, wo sie geblieben sind.

Viele Frauen sagen, wenn kritische Frauen sich darüber aufregen: »Ach, hab dich doch nicht so, ich sehe das nicht so verkniffen.« Und die Männer, wenn sie auch nur ein bisschen Ahnung haben vom Zusammenhang zwischen sprachlicher und sonstiger Hegemonie, lachen sich ins Fäustchen.

Hillary Clinton aber versteht etwas von der Macht der Sprache und bekennt auch sprachlich Farbe. Wobei diese Metapher natürlich etwas widersinnig ist. Denn sprachlich müssen wir zwar fast immer »Geschlecht bekennen«, und zwar meist das falsche. *Farbe bekennen* ist aber grammatisch nicht möglich. Hillary kann beispielsweise nicht sagen »Whoever *white* may be« und Obama kann nicht kontern »whoever *black* may be«.

Die Grammatik, das Fundament unserer Sprache, kennt keinen Rassismus. Sie kennt nur Sexismus, die durchgehende Diskriminierung der Frauen bis zur routinemäßigen Ausmerzung jeglichen Gedankens an eine Frau. Oder stellen Sie sich etwa eine Frau vor, wenn es heißt »... fragen Sie Ihren Arzt oder Apotheker« oder »der Gewinner steht noch nicht fest« oder »whoever he may be«?

Wie immer die Gewinnerin dann auch heißen mag – drücken wir uns weiter die Daumen, dass sie Hillary heißt. Da der Sexismus so viel tiefer eingewachsen ist als der Rassismus, bis in die Grammatik hinein nämlich, muss er auch vordringlich bekämpft werden. Solange Obama das nicht einsieht, kann ich seine Beschwörungen von »Change« nicht ernst nehmen.

Mai 2008

Friseuse oder Friseurin?

Letzte Woche war meine Freundin Katrin Lunde aus Norwegen zu Besuch. Als Germanistin betrachtet sie die deutsche Sprache mit wissenschaftlichem Interesse, und so fragte sie mich: »Wie sagt ihr jetzt, *Friseurin* oder *Friseuse*? Da gab es doch einen Film, *Der Mann der Friseuse*, aber eben hast du gesagt, du musst zur Friseurin.«

»Im Deutschen hat die Endung *-euse* inzwischen einen negativen Beigeschmack«, sagte ich, »wahrscheinlich alles wegen der *Masseuse*. Seit *Massagesalon* als Euphemismus für *Bordell* und entsprechend *Masseuse* für *Prostituierte* verwendet wird, besteht die Masseurin auf *Masseurin*, weil sie nicht mit der Masseuse verwechselt werden möchte. Insgesamt hat der Ruf von *-euse* in weiblichen Berufsbezeichnungen durch diese Assoziation und das entsprechende Abgrenzungsbedürfnis stark gelitten. Inzwischen gelten *Masseurin* und *Friseurin* als ›seriöser‹, anspruchsvoller als *Masseuse* und *Friseuse*. – Vielleicht mag eine Friseurin, die auf sich hält, auch wegen der *Friteuse* nicht *Friseuse* genannt werden.«

Ich erinnere mich noch an Nicole Heesters Ende der 70er Jahre als allererste Tatort-Kommissarin. Von ihren gehässigen Kollegen wurde sie mit »Frau Kommisseuse« angeredet, das sollte witzig sein. Und wenn Hillary Präsidentin wird, nächstes Jahr oder in 5 oder 9 Jahren, werden sicher einige sie »Kommandeuse-in-chief« nennen.

Helke Sander erzählt Ähnliches aus der Anfangszeit ihrer Karriere als Filmregisseurin: »Ganz schlimm war es jahrelang bei *Regisseurin*. Das kam niemandem über die Lippen. Zuerst sprach man widerwillg vom *weiblichen Regisseur* (mit Anführungsstrichen gewissermaßen). Dann von der *Regisseuse*, und erst in den letzten Jahren ist *Regisseurin* akzeptabel geworden.« (Email vom 8.4.07)

Weitere Beispiele will ich hier nicht diskutieren, sonst kommen mannche noch auf dumme Gedanken. Nur für die Auslandsgermanistik, die solche Feinheiten bzw. Unfeinheiten der deutschen Sprachentwicklung nicht so direkt mitkriegt, sei hier festgehalten:

Dass *-euse* heute lächerlich wirkt, hat wohl mit drei Faktoren zu tun:

a) der bereits erwähnte semantische Abstieg des Wortes *Masseuse* – semantischer Abstieg ist übrigens ein Prozess, der im Patriarchat die meisten Bezeichnungen für Frauen irgendwann trifft;

b) *-euse* reimt sich auf *Möse*, *-öse* sieht auch noch aus wie *Möse*;

c) das Französische hat gegenüber dem Englischen eine Abwertung erlebt; Wörter aus dem Französischen, die einmal sehr »chic« waren, wirken daher heute leicht verstaubt: der *Kommandeur* ist heute eher ein *Commander*, der *Ingenieur* eher ein *Engineer*.

Das *-in* ist sprachsystematisch schlimm genug, aber wenigstens besitzt es eine ernsthafte, sozusagen »seriöse« Ausstrahlung. *-euse* dagegen wird heutzutage oft in der Absicht gewählt, sich über eine Frau lustig zu machen und ihr herrisch zu verstehen zu geben, sie sei leider nur ein lächerlicher Abklatsch des Originals.

Dabei wissen wir doch schon lange:

Dem Ingeniör ist das zu schwör,
die Ingeniöse wird gleich böse.

Juni 2008

Stadtväterinnen und Puffmutteriche

*zur Erinnerung an Jürgen Speckmann,
5. März 1944 – 20. Juli 2003*

Neulich schickte mir Anne Beck folgenden hübschen
Fund für meine Sammlung sprachlicher Kuriosa aus
der Vorzeit:

Die ersten Stadtväterinnen in Münsters Rathaus Eine
Notiz im »Westfälischen Merkur« am 21. Juni 1921:
»Die gestrige Stadtverordneten-Sitzung dürfte den
Rekord für die bisherigen Dauersitzungen aufgestellt
haben. Erst nach 12 Uhr verließen die Stadtväter und
auch die Stadtväterinnen das Rathaus.« Mit »Stadtväterinnen« waren jene Frauen gemeint, die im März
1919 zum ersten Mal in der Geschichte Münsters die
politische Bühne betreten hatten.

Warum die neuen Stadtmütter wohl »Stadtväterinnen«
genannt wurden? Schließlich werden Bordellbesitzer
auch nicht »Puffmutteriche« genannt, und der heilige
Joseph läuft nicht unter »Gottesmutterich«.

Außerdem gab es auch damals schon lange die *Landesmutter* neben dem *Landesvater*, die *Herbergsmutter*
neben dem *Herbergsvater* usw.

Vielleicht ließen sich die sprachlich überforderten

Schreiber des *Westfälischen Merkur* durch das Wort *Gevatterin* (früher für *Taufpatin* bzw. *Mate* – s. »Ihr Matenkind und sein Patenkind«, S. 39 f.) zu dieser misslichen Kreation verleiten.

Wie dem auch sei, einem misogynen Blogger fiel dazu nur Folgendes ein: »Seit ich in Dresden einmal *Stadtväterinnen* in einer Broschüre begegnete, bin ich restlos überzeugt von der Feminisierung der Orthographie.«

Wusst ich's doch! Auch an der frauenverhunzenden Sprache sind wir Frauen selber schuld.

Inzwischen sind fast hundert Jahre ins Land gegangen, und die Sprache hat sich unter dem wohltuenden Einfluss heilkundiger Frauen schon ein wenig von ihrer Patriarchitis erholt: *Amtmännin, Ratsherrin, Hausherrin, Bauherrin, Landsmännin* und ähnlich zwittrige Zumutungen haben wir weitgehend entsorgt. Statt *Ratsherrin* heißt es nun allgemein *Ratsfrau*, statt *Amtmännin Amtfrau*, statt *Landsmännin Landsfrau* (nicht zu verwechseln mit der *Landfrau*), statt *Obmännin Obfrau*.

»Staatsmännin« hat es nie gegeben, weil es immer nur Staatsmänner gab. Dank Angela Merkel ging mann dann unvermittelt und ohne viel Fremdelei direkt zur *Staatsfrau* über. Und die »Stadtväterinnen« heißen selbstverständlich *Stadtmütter* und wurden sogar rückwirkend umgetauft, z. B. in Kerstin Wolffs Untersuchung über *Stadtmütter – Bürgerliche Frauen und ihr Einfluss auf die Kommunalpolitik im 19. Jahrhundert (1860-1900).*

Heute übertreffen die Herren sich selbst: Klaus Wowereit wurde beim letzten Berliner CSD als »Landesmutter« gefeiert. Dazu fällt mir auch unser Freund Jürgen Speckmann ein, der, als ich ihm den Titel meines neuen Buches *Alle Menschen werden Schwestern* (1990) verriet, begeistert ausrief: »Wunderbar! Und ich bin die Oberschwester!«

So schwul hatte ich es eigentlich nicht gemeint, aber mit seinem Enthusiasmus hat er mich einfach überrumpelt. »Weg mit den verstaubten Stadtvätern und Landesvätern«, hätte er diesmal wahrscheinlich ausgerufen. »Sind ab sofort alles Mütter, zur Not ehrenhalber.«

Juli 2008

Brava, Sola, Tria

Vor ein paar Tagen gab Martina Handler den Hinweis eines Kollegen an mich weiter: »Offensichtlich ist dir etwas entgangen, *Trio* geht nicht bei einem Mann und zwei Frauen. Es müsste *Tria* heißen.« Gemeint war ein HerausgeberInnen-Trio, erfuhr ich noch. Und sie fügte hinzu: »Was sagen Sie zu *Tria*? Oder geht das zu weit?«

Das geht nicht zu weit, finde ich, aber »he's barking up the wrong tree« (komischerweise gibt es für diese Redewendung keine Entsprechung im Deutschen). Es gibt bessere Anlässe zur Sprachkritik, also richtige Bäume (oder dicke Hunde), die man anbellen kann. Zum Beispiel *solo* und *Bravo*.

Das Trio ist schon in Ordnung, immerhin ist es doch ein Neutrum – was Gerechteres für eine gemischtgeschlechtliche Gruppe gibt's im Deutschen nicht. Vielleicht dachte der Kollege an das *Tria* in *Triathlon*. Aber das Wort für Dreikampf teilt sich auf in *Tri* und *athlon* (wie in *Athletin*).

Neben dem Trio gibt es noch das Duo und das Solo. Wenn der Künstler mit seinem Solo fertig ist, rufen wir Bravo. Die Künstlerin beehren wir auch damit. Manche rufen lieber »Brava!« und zeigen damit feministische Delikatesse und/oder Versiertheit im Italienischen.

Aber was singt die Künstlerin? Ein Solo oder eine Sola? Vielleicht singt sie auch nur so lala?

»Sola, perduta, abbandonata«, singt Puccinis Manon herzzerreißend in der Wüste Louisianas. *Tutta sola*, ganz allein, verloren und verlassen. Wenn eine mag, kann sie sich anschließen und der Männersprache trotzen mit: »Ich bin heute abend sola«, oder »Ich komme sola«. Einfacher geht's natürlich mit »Ich bin allein«.

Über »A und O« habe ich mich bereits ausführlich geäußert (s. S. 25 f.) – der Fall »Trio« gehört auch dahin. Wenn eineR die Endung -o zu maskulin findet, hindert sie/ihn nichts daran, das Trio in *Tria* umzutaufen – warum nicht? Mehr Farbe in die Sprache! Und nach demselben Prinzip singt die Sängerin kein Solo, sondern eine Sola!

Statt *Trio* wäre übrigens auch *die Trias* nett – da bekommt das Femininum die Oberhand, was der Kollege ja auch im Sinne hatte und wir alle nur begrüßen können.

Außerdem hat *die Trias* gegenüber *dem Trio* etwas Gehobenes, ja Erhabenes – ein ganzes geologisches Zeitalter wird Trias genannt. Wir sprechen von der Trias (gern auch dem Dreigestirn) Haydn/Mozart/Beethoven einerseits und von einem Gangster-Trio andererseits. Obwohl Haydn, Mozart und Beethoven viele Trios komponiert haben, würden wir die drei doch eher nicht als Trio bezeichnen.

Apropos »die drei« – jetzt ist aber der Singular gemeint. Warum heißt es eigentlich »die Drei«, »die Vier« usw.? Ich dachte immer, es liegt an dem weggelassenen Wort *Zahl*. Aus *die Zahl 13* wird kurz *die 13*. Ähnlich auch *das Sarah* für »das Café Sarah« in Stuttgart. Und warum heißt es dann »das F«, wenn wir von Buchstaben sprechen? Es heißt doch *der Buchstabe*! Fragen über Fragen!

Nach einer Solavorstellung von mir rufen manche auch schon mal Brava. Und oft fragen sie: »Was bedeutet eigentlich das F in deinem Namen?«

»Das bedeutet *Fürstin*«, rief die Frühfeministin und Hedwig-Dohm-Wiederentdeckerin und -herausgeberin Berta Rahm (1910-1998) bei einer Veranstaltung in Schaffhausen frech-fröhlich in die Runde.

Feministin hätte auch gepasst. »Oder geht das zu weit?« Ach was.

August 2008

Der Erstsemesterich und die Azubine

Am 17. September bekam ich folgende Email:

Liebe Frau Pusch!
Ich bin Frauenreferentin im AStA der Uni Gießen und außerdem eine sehr an geschlechtergerechter Sprache interessierte Studentin der Sprachwissenschaft und begeisterte Leserin Ihrer Glossen.
Im Frauenreferat sind wir drei Frauen, alle sprachlich sensibilisiert und bekennende und stolze »Binnen-I-laut-Aussprecherinnen«. Wir achten sehr darauf, dass Frauen nicht sprachlich unterrepräsentiert werden, und fordern dies, wenn nötig, lautstark ein. In dieser Sache waren wir bisher immer einer Meinung, doch gestern konnten wir uns erstmals nicht einigen:
Wir haben dieses Semester wieder eine Informationsbroschüre für Frauen, die neu an der Uni sind, herausgegeben. Diese ist »Frauen-Ersti-Info« betitelt, den

allgemeinen Gepflogenheiten der Studierenden folgend, die auf UnianfängerInnen zumeist mit der Abkürzung »Ersti« bzw. »Erstis« im Plural referieren. So weit, so gut. Der Kern-AStA (zu dem wir nicht zählen, denn wir sind autonom) hat auch eine Broschüre herausgegeben, für alle, sogar für Männer, was noch nicht das eigentliche Problem ist. Diese heißt »Erstsemester-Info«.

Gestern kam es daraufhin zu folgender Szene im Frauenreferat:

Kathi, meine Mitreferentin, blättert im Erstsemester-Info des Kern-AStAs und schaut sich irgendwann den Titel an. »Die sind auch null geschlechtergerecht, also sprachlich, mein' ich.« Ich: »Wieso? Also, am Kern-AStA kann man ja einiges bemängeln, aber wieso das?« Kathi: »Na, guck doch mal, da steht dick und fett ERSTSEMESTER, das kann doch nicht sein???« Ich: »Ja und, Erstsemester ist doch Neutrum, es heißt DAS Erstsemester, ist doch alles kein Problem.« Kathi: »Ja aber das referiert doch nur auf Männer! Und du hast in deinem Leitartikel doch auch ›liebe Erstsemesterinnen‹ geschrieben!« Ich: »Aber im Leitartikel wollte ich zuspitzen, ein übertriebenes generisches Femininum verwenden, weil wir ja schreiben, dass auch Jungs mitlesen dürfen, damit sie auch mal was lernen. Und die mit ›Erstsemesterinnen‹ anzureden ist doch total witzig und provozierend!«

Im Folgenden entspann sich eine Diskussion, in der Kathi darauf beharrte, dass »Erstsemester« nur Männer anspricht, »Erstis« hingegen neutral ist und »Erstsemesterin« die weibliche Form, ich hingegen den Standpunkt vertrat, dass »Erstsemester« ein Neutrum ist wie »Kind« oder »Mitglied«. Die Dritte im Bunde, Karo, war eher meiner Meinung und dachte sich Beispielsätze aus wie »Das nervige Erstsemester stand orientierungslos im Weg herum« (Kommentar: »Mist, dann meint es ja doch einen jungen Mann, die sind alles im allem viel orientierungsloser!«), aber kam schließlich zu der Einsicht, dass wir Erstsemester zumeist sowieso nur im Plural verwenden (»Die treten ja sowieso nur in Horden auf!«), wie in »Die Erstsemester müssen wir erst mal in das Seminar über feministische Linguistik schicken«. Kathi beharrte auf ihrem Standpunkt, und wir konnten keinen Konsens finden. Ich wurde selbst unsicher (ist etwas zwangsläufig eine maskuline Form, nur weil es mit dem -er-Suffix endet und auch eine movierte Form dazu gebildet werden kann?) und rief aus: »Hier bräuchten wir eine Expertinnen-Meinung! Wir müssen Luise Pusch fragen!« »Traust du dich doch nicht!«

Doch, ich traue mich, und möchte hiermit ganz herzlich um Ihre Stellungnahme ansuchen. Falls Sie uns zurückschreiben, was Sie über diesen Fall denken, würden wir uns sehr geehrt fühlen und Ihnen sehr dankbar sein!

Herzliche Grüße Sarah Rögl

Frauenreferentin im AStA der Justus-Liebig-Universität Gießen

Ein wunderbar anschaulicher Brief und ein Beweis dafür, wie feministische Sprachkritik weiterhin heftig die Gemüter bewegt.

Ich antwortete prompt:

Liebe Frau Rögl, Ihr Brief hat mich entzückt! Ich finde, in der angeschnittenen Frage haben Sie vollkommen recht. Aber bekanntlich kommt es bei der Entwicklung der Sprachen auf grammatisches Rechthaben nicht so an. Vielmehr macht »der Volksmund« oft, was er will.

Ein ähnliches Beispiel wie »Erstsemesterin« wäre das Paar *DJ/DJane*. »DJ« müsste im Deutschen zweigeschlechtig sein, »die/der DJ« (ähnlich auch »die/der Teenager«, »die/der Azubi«), aber viele sehen das anders und schreiten mut(will)ig zur Sprachtat. Und dann haben wir Ergebnisse wie – *Mitgliederinnen* – *Erstsemesterin(nen)* – *DJane* – *Azubine*. Bei »der Teenager« warte ich noch auf schöne Lösungen …

Wahrscheinlich ist es nützlich, mehrere »Sprachen« bzw. Sprachebenen einzuführen:

– korrekte (Männer)Sprache: *das Erstsemester, die Erstsemester* (Plural) und basta. *Der DJ, der Teenager, der Azubi* (»Sabine ist noch ein Erstsemester/ Azubi, aber schon ein erfolgreicher DJ.«)

– frauenbewusste Sprache: *die Erstsemesterin(nen), (der Erstsemester?), der DJ, die DJane, der Azubi, die Azubine* (»Sie ist noch eine Erstsemesterin/eine Azubine, aber schon eine erfolgreiche DJane«)

– feministische Sprache: bedient sich frei aus der frauenbewussten Sprache, spielt mit ihren Kreationen (wie Sie es ja auch taten mit den »Erstsemesterinnen«), strebt aber nach grundsätzlichen Lösungen: *Die/der Erstsemester, Azubi, DJ*: »Sie ist noch eine Erstsemester/Azubi, aber schon eine erfolgreiche DJ«.

So viel für heute. Herzlich, lfp

Nachtrag am 27. September: Was ich da »frauenbewusste Sprache« nenne, ist nicht ohne Tücken. Wie ich hier schon mal sagte, es gibt keine richtige Sprache in der falschen.

Das Beispiel »Azubine« zeigt das am deutlichsten, schon wegen des Anklangs an *Konkubine* oder »flotte Biene«.

Es heißt *die Auszubildende, der Auszubildende*, dementsprechend müssten wir ableiten: *Die/der Azubi*, genau wie *die/der Sozi, Spezi, Nazi* (ja, auch *die Nazi* – Frauen sind zu allem fähig).

Wortschöpfungen wie »Erstsemesterin«, »DJane« und »Azubine« verdanken ihre Existenz dem patriarchalen Sprachmuster, das die Grundform für den Mann vorsieht (*der Lehrer, der Azubi*) und aus der Grundform die weibliche Form ableitet (*die Lehrerin, die Azubine*). Alles wie gehabt, wenn auch vielleicht in guter (»frauenbewusster«) Absicht.

Es kömmt aber darauf an, die Sprache zu verändern und weibliche Bezeichnungen nicht mehr aus männlichen abzuleiten. Die bestehenden Ableitungen reichen uns völlig!

Die Frau, die sprachlich auf sich hält, überrascht entweder mit der Umkehrung:

die Azubi, der Azubier (gesprochen wie »Bier«)
die DJ, der DJake (DJerk)
die Erstsemester, der Erstsemesterich.

Oder sie wählt, wenn sie mild gestimmt ist, die hübschen symmetrischen Formen mit Differentialgenus: *die/der Azubi, die/der DJ, die/der Erstsemester.*

Also sprach Zarah Thustra:

»Unser Azubi hat sich in eine DJ verliebt, aber die liebt eine Erstsemester …«

September 2008

Nana oder Die Feminisierung der Welt

Letzte Woche las ich in Gudrun Heines schöner Buchhandlung in Verden aus *Die Eier des Staatsoberhaupts.*

Nach der Diskussion erzählte mir eine Zuhörerin, sie hätte alle meine Bücher gelesen und sei schon bei meiner ersten Lesung in dieser Buchhandlung vor über 20 Jahren dabeigewesen. »Dann sind Sie ja eine richtige Fan!«, sagte ich zu ihr.

Eine Lokalreporterin hatte mitgehört und gab meinen Satz in den *Verdener Nachrichten* wie folgt wieder: »Dann sind Sie ja ein richtiger Fan!«

So was würde ich natürlich nie zu einer Frau sagen! Aber sie hatte meine feine Feminisierung des Wortes *Fan* einfach überhört. Zu ungewohnt. Ich muss also dranbleiben, bis die Leute das richtig hören.

*   *   *

Die Journalistin Claudia Friedrich sprach in VenusFM (eine der besten Sendungen des WDR, die leider inzwischen eingestellt wurde) völlig selbstverständlich von »die Coach« (»frau braucht manchmal eine Coach«), und ich schrieb ihr begeistert und bedankte mich. Solche Pionierinnenleistungen müssen unterstützt und bestätigt werden.

Kurz darauf sprach ich am Telefon mit einer Gewerkschaftsfrau. Sie war, nach der Lektüre meiner letzten Glosse, gerade davon abgekommen, das Wort *Azubine* zu benutzen, für das sie zuvor sogar gekämpft hatte. Aber meine Argumentation hatte ihr eingeleuchtet. »Und natürlich heißt es auch die *Coach*«, sagte ich, weil mir Claudia Friedrichs Vorbild noch so schön in den Ohren klang. »Meinen Sie wirklich?«, meinte Frau Braunert. »Das klingt aber doch wie *die Couch*.« »Na und?«, sagte ich. »Da müssen wir durch. Alles Gewohnheitssache.«

*   *   *

Aus Verden zurück, wollte ich mich mit einem Teil des verdienten Geldes belohnen. Ein kleiner iPod Shuffle sollte es sein, nur für Hörbücher. Ich kaufte einen grünen und nannte ihn »Frosch« – bevor frau das Gerät beschickt, wird sie nämlich gefragt, wie denn das neue Schätzchen heißen soll. Ich habe schon einen großen dicken iPod, der meine ganze CD-Sammlung fasst. Er heißt Carson, nach Carson McCullers und Rachel Carson, die beide zu meinen Lieblingsschriftstellerinnen gehören.

Der neue grüne Shuffle sollte also *Frosch* heißen – der Name hatte sich mir spontan aufgedrängt und ließ sich nicht mehr abschütteln. *Fröschin*? – nein, gefiel mir nicht so sehr. *Frosch* ist schön kurz und knackig. Die Feminisierung lässt sich ja auch anders bewerkstelligen: Die *Frosch*, wie *die Fan* und *die Coach*!

Um nun Nägel mit Köpfen zu machen, taufte ich gleich die ganze iPod-Familie um. Ab sofort heißt es die *iPod* und die *Shuffle*. Es ist nicht einzusehen, warum *the fan*, *the coach* und *the iPod* im Deutschen maskulin sein müssen. *The iPhone* heißt bei uns *das* iPhone (wegen *das Telefon* natürlich) – also frau ist nicht gezwungen, *den* iPod so stehenzulassen, auch wenn alle der *Ipod* sagen. Meine Freundin Eva spricht übrigens nur von ihrem *Eipöttchen*.

Die Familie meiner Tante hatte schon in den späten fünfziger Jahren einen VW; sie nannten ihn Jonathan (mein Onkel war Pfarrer). Mit Jonathan reisten sie durch ganz Deutschland.

Joeys Tochter Sarah hat einen rubinroten Subaru; er bzw. sie heißt Ruby. Und Joey nannte ihren bzw. ihre Toyota Corolla daraufhin Goldie, denn Corolla ist goldbraun. Unsere Freundin Mayling aus Chile hat eine grüne Caravan; sie heißt Esmeralda.

So arbeiten wir alle liebevoll an der Feminisierung unseres Alltags, das tut uns gut.

Meine letzte Tat: Neulich bekam ich noch einen gebrauchten »iPod nano« der dritten Generation (ist schön leicht, für Videos auf Reisen). Dieses nette Teil heißt natürlich »Nana«. Schließlich wohne ich in Hannover, der Stadt der üppigen Nanas von Niki de Saint-Phalle.

Oktober 2008

Die Patriarchose

Letzte Woche hielt ich einen Vortrag bei der Jahrestagung der Gerda-Weiler-Stiftung zum Thema Muttersprache.

Ich traf dort auch Dagmar Margotsdotter-Fricke wieder, deren schöne Wortschöpfung *Fräude* ich fräudig vorgestellt habe (»Fräude, schöner Göttin Funken«, S. 52-54) und inzwischen erfräulich oft benutzen konnte.

Nun ist wieder eine geniale Eingebung von Dagmar zu vermelden: Das Wort *Patriarchose*. In ihrem neuen Buch *Die gute Mär: Mutterkunde im Märchen* führt Dagmar zur Begründung aus, das Patriarchat sei eine wahnhafte Erkrankung der Menschheit. Die Umbenennung zur *Patriarchose* sei aber auch tröstlich gemeint – immerhin könne eine Krankheit auch geheilt werden.

Patriarchose wie *Psychose* oder *Tuberkulose* – absolut stimmig, und die über hundert anwesenden Frauen nahmen das Wort begeistert auf und an. *Patriarchal* wird entsprechend zu *patriarchotisch* oder *patriarchös*.

Gestern brachte 3sat lauter Sendungen über die Türkei. Eine trug den Titel: »Suna, die türkische Patriarchin: Zwischen Feudalismus und Emanzipation«.

Patriarchin – was für ein widersinniges Wort. Aber wie sollen wir eine Frau mit Patriarchen-Funktion nennen? Vielleicht *die Matriarch* – aber das versteht wieder keiner. Außerdem ist eine Matriarch bestimmt etwas völlig anderes als eine »Patriarchin« – ich kenne mich nicht aus in der Matriarchatsforschung und hoffe auf Nachhilfe in den Kommentaren.

Bei der Berliner Frauensommer-Uni 1979 trug eine schöne und charmante Französin namens Josiane ihre Gedanken zur Patriarchose vor, die damals noch bieder *Patriarchat* hieß. Nicht so bieder war Josianes französische Aussprache: »Jeder Mann ist ein Patriarsch«, rief sie voll Leidenschaft – und da war keine, die ihr widersprochen hätte. Damals im feministischen Frühling frauschte noch mitreißende Entschlossenheit.

Mögen die Patriärsche endlich geheilt werden von der galoppierenden Patriarchose. Wenigstens haben wir schon mal passende Namen für die Zumutungen gefunden.

November 2008

Männliche Beginen in Bremen gesichtet

Neulich schrieb meine Freundin Andrea Schweers aus Bremen in einem Kommentar:

Anfrage an die Feminar-Zentrale: Seitdem das wunderbare Bremer Beginenhof-Projekt vor einigen Jahren in finanzielle Turbulenzen geriet und ein Insolvenzverwalter die noch freien Wohnungen vergibt, sind dort einige Männer eingezogen. Die Beginen sehen es, je nach Einstellung, gelassen oder voller

Wut. Auf jeden Fall taucht nun aber natürlich die Frage auf, wie diese Männer zu bezeichnen sind: *Begineriche*?

Liebe Andrea – *Begineriche* ist natürlich sehr ausdrucksstark und unmittelbar ansprechend. Die Kurzfassung wäre dann *Beginer*, was sofort den *Beginner* auf den Plan ruft: *Bloody Beginners – blutige Anfänger*.

Gudrun Nositschka verwies auf die Begarden, historisch das männliche Gegenstück der Beginen. Das wäre eine Bezeichnung, die den Männern zusagen könnte, mehr noch als *Begino* oder *Beginus*, deren mögliche Pluralformen nicht so recht überzeugen: *Beginos* oder *-nen*? *Beginusse* oder *-nüsse*?

Aber was haben wir davon, wenn die Eindringlinge sich auch noch wohlfühlen? Ich bin mehr für sprachliche Selbstverteidigung. Männer sind ja mit verbalem Geschütz auch nicht zimperlich, denken wir nur an die Wörter *Emanze*, *Quotenfrau* etc.

Beim Nachsinnen über Deine Frage – unterstützt durch fortwährendes Abspielen von *Begin the Beguine* via *YouTube* – sind mir inzwischen noch folgende Möglichkeiten eingefallen:

Begonen – meine Assoziation dazu sind die Klingonen, unschöne Krieger aus dem Star-Trek-Universum (dt.: »Raumschiff Enterprise«). Die meisten, denen ich von meiner Eingebung erzählte, dachten aber eher an Begonien. Auch nett. Denn (um mich einmal selbst zu zitieren): Wer Agonie sagt, muss auch Begonie sagen.

Begonen erinnert zweitens an das englische *begone* »hau ab«, »fort mit dir«.

Gibt es eine passendere Bezeichnung für rüde Eindringlinge, die ein in Schwierigkeiten geratenes Frauenprojekt nicht in Ruhe lassen können??!!

Auch nicht ohne Reiz finde ich hier die bequeme Lieblingsmethode der Männer: sprachliche Eingemeindung. Es gäbe dann neben den richtigen Beginen auch noch ein paar unerwünschte männliche Beginen (wie es seinerzeit neben den richtigen Studenten, Politikern etc. auch noch ein paar *weibliche Studenten, Politiker* etc. gab).

»Männliche Begine« wird den Männern vermutlich am wenigsten gefallen, denn es gilt der Satz: »In unserer patriarchotischen Kultur ist Feminisierung des Mannes gleichbedeutend mit Degradierung.«

Obwohl die Eingemeindung, das »umfassende Femininum«, Männern ein hervorragendes Empathietraining vermittelt, hat es doch auch einen schweren Nachteil. Eine feinsinnige Frau fand dafür die klassischen Worte: »Das Femininum ist mir aber für Schwanzträger zu schade.«

Also vielleicht doch lieber: Begone. Fort mit euch! – Das Wort werden wir bald nicht mehr missen wollen, denn Begonen sind überall, nicht nur im Bremer Beginenhof.

November 2008

Ole von Beust und die Beustigkeiten

Gleich mehrere Freundinnen aus Hamburg schrieben mir empört von folgender Entgleisung ihres Ersten Bürgermeisters Ole von Beust (CDU) im *Hamburger Abendblatt*. Unter dem Titel »Wir können jetzt kein Füllhorn ausschütten« erschien am 29. November ein Interview mit Beust über die Finanzkrise. Darin lesen wir u. a.:

Abendblatt: »Wirtschaftsminister Glos sagt, er würde sich ja gerne stärker einbringen, werde aber leider von der Kanzlerin zurückgepfiffen ...«
Beust: »Der ist doch ein gestandenes Mannsbild. Dass sich Michael Glos von einer Frau zurückpfeifen lässt, kann ich mir nicht vorstellen.«

Nun war die Formulierung der beiden Interviewer Jochen Gaugele und Claus Strunz ja auch nicht besonders menschenfreundlich, es sei denn, unser Wirtschaftsminister hätte sich selbst quasi als feigen oder gehorsamen Hund beschrieben, den seine Kanzlerin »zurückpfeifen« kann.

Beust wollte vielleicht nur schlagfertig sein. Leider war er aber nur beustig.

Er hätte die implizite Verunglimpfung seiner Kanzlerin ritterlich zurückweisen können etwa mit folgenden Worten: »Meine Herren, mäßigen Sie sich doch. Sie wissen selbst, dass die Kanzlerin niemanden ›zurückpfeift‹, wie Sie es nennen. Da kennt sie bessere – menschlichere und wirksamere – Methoden.«

Stattdessen setzt er mit seiner beustigen Fehlleistung noch eins drauf – greift tief in die Kiste der dumpfsten sexistischen Klischees. Eine Frau hat doch einem gestandenen Mannsbild nichts vorzuschreiben, Kanzlerin hin oder her. »Mädchen, die pfeifen, und Hühnern, die krähen, soll man beizeiten die Hälse umdrehen.«

George W. Bushs »Bushismen« waren und sind seine ganz eigene unnachahmliche Spezialität. »Beustigkeiten« gelingen hingegen vielen Männern ganz mühelos; und uns Ole verdanken wir nunmehr einen treffenden Namen für diese Leistung:

Eine Beustigkeit ist eine sexistische Unverschämtheit eines Mannes gegenüber einer ranghöheren und/oder überlegenen Frau, die ihm unterläuft, weil er nicht mitbekommen hat, dass die Zeiten sich geändert haben. Es schwingt auch Steifheit und Unbeholfenheit mit, fehlende Eleganz. Mann möchte witzig sein, aber es geht in die Hose.

Merke: Eine *Beustigkeit* geht immer in die Hose, ja, sie kann die nächste Wahl kosten, wenn es den Frauen endlich zu viel wird.

Dezember 2008 – Nikolaus

Golda, Israels starker Mann, und Gritt, der Ironman

Vor 30 Jahren starb Golda Meir. Und vor vierzig Jahren schrieb Dietrich Strothmann unter dem Titel »Israels starker Mann« in der *Zeit* (Nr. 30 vom 26.7.1968) Folgendes über sie:

> Sie war nie eine Frau, die schnell klein beigab. Noch in allen kritischen Situationen stand sie ihren Mann — in frühen Jahren als Pionier in einem Kibbuz, später als Leiter der Politischen Abteilung der *Jewish Agency*, als Generalsekretär in der Histadrut-Gewerkschaft, als erster Botschafter in Moskau, Ressortchef und Regierungsmitglied.

Mannhaft, fürwahr – der Text erlaubt uns keinen Zweifel daran, dass Golda ein Mann war. Aber das war 1968, vierzig Jahre ist das her. Heute würde wohl niemand mehr so etwas schreiben, nicht mal die *Zeit*. Vielmehr würden wir lesen:

> Sie war nie eine Frau, die schnell klein beigab. Noch in allen kritischen Situationen »stand sie ihren Mann«

— in frühen Jahren als Pionierin in einem Kibbuz, später als Leiterin der Politischen Abteilung der *Jewish Agency*, als Generalsekretärin in der Histadrut-Gewerkschaft, als erste Botschafterin in Moskau, Ressortchefin und Regierungsmitglied.

Vielleicht läsen wir sogar, dass Meir *ihre Frau stand* – es gibt ja sehr sensible und kreative JournalistInnen.

Das Beispiel zeigt, dass es sich doch lohnt, für eine frauenfreundlichere Sprache zu arbeiten. Der Strothmann-Text wirkt völlig veraltet, und das verdanken wir nur unserem zähen Eintreten für eine höflichere, zeitgemäße Sprache. Steter Tropfen höhlt nicht nur den Stein, sondern sogar den Ironman.

Wieso Ironman? Am 5. Dezember sah ich die Sendung *Nachtcafé* zum Thema »Auf Leben und Tod«. Eingeladen waren Menschen, deren Leben durch die Nähe des Todes verändert wurde. Sehr sympathische Menschen, die etwas zu sagen hatten. Unter den GästInnen der Filmregisseur Wim Wenders und die Extremsportlerin Gritt Liebing, bei der es wegen einer seltenen Erbkrankheit immer wieder zum Herzstillstand kommt. »Schon über 180-mal wäre Gritt in den vergangenen neun Jahren gestorben, hätte ihr nicht jedes Mal ihr implantierter Defibrillator das Leben gerettet. Trotz Todesgefahr ließ sich die Powerfrau nicht davon abhalten, an einem der härtesten Sportwettkämpfe teilzunehmen, dem Ironman-Triathlon« hieß es in der Ankündigung der Senderin.

Die Powerfrau erzählt fesselnd von ihrem Ironman, immer wieder sagt sie *Ironman*, da meldet sich Wim Wenders sanft zu Wort: »Das müsste doch eigentlich *Ironwoman* heißen.« »Genau, genau!« Gritt Liebing lacht und stimmt ihm begeistert zu. Und der Moderator

Wieland Backes erläutert dem nächtlichen Publikum:
»Wim Wenders ist nämlich ein Feminist.«
Zeichen und Wunder.
Gritt Liebing macht ihre Ironwoman. Wim Wenders
ist Feminist. Golda Meir steht ihre Frau.
Na also, geht doch!

Dezember 2008

Bachelore und Bachelotto

Kürzlich schickte mir Anne Knauf vom Mainzer Frau-
enbüro den Hinweis auf einen Artikel in der *Allgemeinen Zeitung* vom 8. Januar. Hans Joachim Koppitz, His-
toriker und Germanist, fordert darin einen »sensiblen
Umgang mit der deutschen Sprache, insbesondere an
der Universität«.

Wörter wie *die Studierendenschaft* gefallen ihm nicht,
andererseits moniert er, dass nur *die Studenten* durch ein
geschlechtsneutrales Wort ersetzt wurden, nicht aber *die
Dozenten* und *die Professoren*.

Das erinnert an den Witz vom nörgelnden Gast im
Restaurant: Erstens schmecke das Essen nicht und zweitens sei die Portion viel zu klein.

Herrn Koppitz kann dennoch geholfen werden. Wir
erinnern an das schöne Wort *Lehrkörper*, auf Feministisch auch *die Lehrkörpa* (vgl. »Gibt es männliche Säugetiere«, S. 27 f.). Dazu passt gut *die Studierkörpa*, viel
kürzer als das beanstandete *Studierendenschaft*.

Er hätte eben keine schlafenden Hündinnen wecken
sollen – alles mögliche kann man damit heraufbe-
schwören!

Machen wir es ihm ein wenig milder und bekömmlicher. Herrn Koppitz gefallen Kurzformen wie *Uni* oder *Studis*. Mir gefallen sie auch. Wie wäre es mit folgenden Lösungen – kurz, knackig und gerecht:

> *Die Studi/der Studi → die Studischaft*
> *Die Dozi/der Dozi → die Dozischaft*
> *Die Prof/der Prof → die Profschaft*

(»Profi« wäre vielleicht etwas geschmeichelt, viele männliche Profs sind ja wegen der ausgeschalteten weiblichen Konkurrenz keine Profis, sondern eher durchschnittlich).

Um nun den Umgang mit der Sprache an der Uni noch sensibler zu gestalten, nehmen wir uns gleich auch noch »den Bachelor« vor. Dazu mailte kürzlich eine sensible Sprachbeobachterin: »Haben Sie nicht irgendwo etwas zur Bezeichnung von Absolventinnen eines B.A.-Studiums geschrieben? Wie nennt man sie? *Baccalaureae*? Sicherlich nicht *Bachelorettes* ;) !«

Nein, sicherlich nicht *Bachelorettes*, das blöde Wort überlassen wir samt der blöden Show gern dem Trivial-TV.

Das *Master*-Problem haben wir ja neulich schon beherzt erledigt: Die Studi macht nicht ihren Master, sondern ihre Magistra oder Maestra (vgl. S. 37–39).

Und vorher hat sie schon *ihre Bachelor* gemacht. *Bachelore*, *Bachelotte* oder *Bacheliese* wären ja auch ganz lustig, aber das gefällt uns nur, wenn er seinen *Bachelotto* oder *Bachelothar* macht.

Schön vollmundig klingt auch *Baccalaurea* neben *Baccalaureus* (so heißt der Grad in Österreich), italienisch *Baccelliera*, portugiesisch *Bachalera*.

Und die Kurzform?

Sie und er machen ihr Batsch-Examen. Back-Examen wäre auch hübsch, aber etwas irreführend, genau wie das zärtliche *Baci-Examen*. Bleibt ja noch *B.A.* oder

B.Sc., etc. – Kürzer geht's nicht. *Sie macht ihre B.A., er macht seinen.*

Januar 2009

Meine Schwester heißt Polyester

Neulich machte mich Daniele Frijia auf einen Artikel in der *Badischen Zeitung* aufmerksam. Berichtet wurde von den derzeit beliebtesten Namen in Freiburg, dazu brachte die Zeitung noch »Kuriositäten und Geschichten« rund ums Standesamt.

Los ging's mit folgender Kuriosität: »Euro wollte ein Freiburger Elternpaar sein neugeborenes Mädchen nennen. Kein Problem, wäre es ein Junge gewesen. Stattdessen einigte sich die zuständige Standesbeamtin mit den Eltern auf die eindeutig weibliche Version ...«

Na was glauben Sie wohl??

... Eurone.

Dazu meinte Daniele Frijia trocken: »Ich dachte, es müsse Eura heißen, aber ich bin ja auch kein Standesbeamter, offensichtlich zu Recht.«

Eurora, Eureka wären ja auch noch denkbar gewesen, aber den Eltern kam es wohl mehr aufs Geld an. Wünschen wir also der kleinen Eurone jede Menge Euronen.

Wie im Übrigen das Volk auf die Idee gekommen ist, die Euros in *Euronen* umzutaufen, weiß ich nicht – aber ich finde diese Verweiblichung natürlich sehr angenehm, wohlklingend und auch noch lustig.

Stellen Sie sich bloß mal vor, die Eltern hätten das Mädchen »Barack« nennen wollen, und nun müsste die Kleine als »Baracke« durch die Gegend laufen. Vielleicht hätten Eltern und Standesbeamtin sich dann auf »Obama« einigen können? Die bekannteste Person namens Obama ist zwar ein Mann, aber es gibt auch eine bekannte Frau und zwei Mädchen, die so heißen. Und mit der Endung -*a* hat der Name für Deutsche die amtlich geforderte weibliche Anmutung.

Apropos: Der derzeit beliebteste Name für Jungen in Freiburg ist – Luca. Für alle, die nicht wissen, dass es sich dabei um die italienische Form von Lukas handelt, wirkt er weiblich. Das macht aber anscheinend nichts. Ein Fall von Genderblending, der Hoffnung aufkommen lässt – auch angesichts des (weiblichen!) Topmodels Luca Gadjus.

Mögen *Andrea* (ital. für *Andreas*) und *Gabriele* (ital. für *Gabriel*) in der Hitliste männlicher Vornamen ebenso flott vorankommen wie *Luca*!

Daniele, der mir die Nachricht schickte, ist ja auch so ein Fall. Joey meinte: »Ist das nicht eine Frau?« »Nein«, sagte ich, »Daniele ist die italienische Form von *Daniel*.« Sie mögen halt am Wortende keine Konsonanten, die ItalienerInnen. Musikalisches Volk, sangliche Sprache!

Die *Badische Zeitung* meldete noch folgende »Kuriositäten«:

Als ungewöhnliche Mädchennamen gingen im vergangenen Jahr auch Chardonnay, Gersibelle und Shenandoa durch. Exotische Jungennamen waren unter anderem Barnaby, Faustus und Sokrates.

Die Mädchen werden also gerne nach Unpersönlichem benannt, wie Geld (*Euro/ne*), Traubensorten (*Chardonnay*), Kunststoffe (*Polyester* in dem Sketch aus Loriots *Ödipussi*), Landschaften (*Shenandoa*) oder Stadtteilen (*Chelsea*, Tochter von Hillary und Bill Clinton) – die Jungen eher nicht, und das liegt natürlich an ihrem höheren Status. *Faustus*, *Barnaby* und *Sokrates* sind eindeutig Männernamen, wenn auch hierzulande (noch) ungebräuchliche.

Ann Dunham, Barack Obamas Mutter, hieß eigentlich Stanley Ann. Ihr Vater, Stanley Dunham, hatte sich einen Jungen gewünscht und nannte seine Tochter, die ihm einen Strich durch die Rechnung gemacht hatte, einfach nach sich selbst. Später legte sie dann den peinlichen Männernamen ab und nannte sich nur noch Ann.

So ungewöhnlich das für uns klingt – es entspricht doch exakt den amtlichen Vorschriften für deutsche Vornamen. Dazu meldet Wikipedia:

> Es ist nicht ausschlaggebend, ob der gewünschte Vorname ausgefallen ist, vielmehr muss aus ihm das Geschlecht des Kindes eindeutig hervorgehen. Wird ein Vorname in verschiedenen Kulturkreisen einem anderen Geschlecht zugeordnet, so muss zur Klärung ein zweiter, eindeutig geschlechtsspezifischer Vorname gewählt werden. Entscheiden tut das der Standesbeamte. Dagegen könnten die Eltern natürlich dennoch Widerspruch einlegen, üblicherweise wäre das ein Oberlandesgericht.

Gut, dass dem Kind eine Ausweichmöglichkeit gegen elterliche Willkür mit auf den Weg gegeben wird. Aber wie ist es zu erklären, dass das deutsche Namensrecht so streng auf geschlechtliche Eindeutigkeit achtet, wo doch die deutsche Grammatik das genaue Gegenteil verfolgt, nämlich die Vermännlichung aller Deutschen? Wie ja in dem obigen Zitat wieder deutlich zu sehen: Der *Standesbeamte* – kann auch eine Frau sein, »er« ist heutzutage sogar meistens eine Frau.

Aber muntere Gegenkräfte sind emsig am Werk: Bei der Namensgebung werden die Geschlechtergrenzen aufgeweicht, und in der Grammatik setzen Doppelformen, Neutralisierung, das große I (*StudentInnen*) und

das umfassende Femininum wirksame Akzente gegen
die sture Vermännlichung.

Januar 2009

Bundespräsident oder Bundespräsent?

Im Vorfeld der Wahl des Bundespräsidenten konnte frau
unter Laborbedingungen studieren, dass eine Bundespräsidentin zumindest sprachlich gar nicht vorgesehen
ist. Alle redeten nur von der *Bundespräsidentenwahl* und
vom *Amt* des *Bundespräsidenten* – als handele es sich
um die Wiederwahl des Präsidenten, nicht um eine Wahl
zwischen einer Kandidatin und einem Kandidaten.

Es gibt im Deutschen keine einfache, elegante Art, die
Frau ins Bild zu bringen. Wer sich gerecht ausdrücken
und nichts präjudizieren wollte, musste zum »Staats-
oberhaupt« oder zur Verdoppelung greifen: »Heute wird
die Bundespräsidentin bzw. der Bundespräsident gewählt«.

»Bundespräsident« soll ja eine geschlechtsneutrale
Bezeichnung sein, behaupten viele Leute. Aber was lese
ich auf der Homepage des Bundespräsidenten, www.
bundespraesident.de?:

Das Amt des Bundespräsidenten.

Ein ganzer Abschnitt ist im Grundgesetz dem Amt
des Bundespräsidenten gewidmet – die Aufgaben des
»ersten Mannes im Staate« im In- und Ausland gehen
aber über das verfassungsrechtlich Normierte weit
hinaus.

Hab ich's mir doch gedacht. Bitte den Bundespräsi
reichlich mit Protestmails beschicken!

Besser als auf bundespraesident.de sieht es erwartungsgemäß bei bundeskanzlerin.de aus:

Der Bundespräsident schlägt nach Gesprächen mit den Bundestagsfraktionen eine Kandidatin oder einen Kandidaten für das Amt des Bundeskanzlers vor. (Im Grundgesetz ist nur die männliche Form genannt, natürlich ist damit immer auch eine Bundeskanzlerin gemeint.)

*   *   *

Ich nutzte die 3-stündige ARD-Sendung zur Wahl des Staatsoberhaupts (diese Bezeichnung hatte die ARD natürlich nicht gewählt) als Sprachlabor, um zu testen, wie weit die Deutschen mit dem Projekt »Gerechte Sprache« inzwischen gediehen sind. Das ARD-Team bestand aus 2 Frauen und mindestens 6 Männern – noch nicht sehr gerecht. Nach sorgfältiger Auswertung der Sprache und Sprüche der KommentatorInnen, InterviewerInnen und der Befragten ergibt sich folgendes Bild:

Erfreulich ist, dass die »Mütter und Väter des Grundgesetzes«, die am Verfassungstag 23. Mai natürlich auch immer wieder bemüht wurden, sich durchgesetzt haben. Noch vor 25 Jahren hatte der damalige Vorsitzende des Schriftstellerverbandes [*sic*], Dieter Lattmann, das Reden von »Müttern des Grundgesetzes« oder »Männern und Frauen des 20. Juli« als »Geschichtsfälschung« getadelt.

Auch war – anders als noch bei den letzten US-Präsidentschaftswahlen – nur noch selten von »Wahlmännern« die Rede, vielmehr sagten die meisten brav »Wahlleute« oder »Wahlmänner und -frauen«, leider fast immer in dieser Reihenfolge.

Thomas Kreutzmann hinkte allerdings dem Trend hinterher. Über die hochschwangere Wahlfrau Jasmin Tabatabai sagte er: »Kommt das Baby, kommt ein Ersatz-Wahlmann.«

Draußen vor dem Reichstagsgebäude befragte Reporter Frank Jahn das Volk: »Na, und wer ist Ihr Favorit?« Auf diese Suggestivfrage mit gleich zwei Maskulina wagte denn auch fast niemand mehr, »Gesine Schwan!« zu sagen.

Am klarsten hatte Jürgen Trittin erkannt, worum es eigentlich ging: »Ich finde, nach 60 Jahren Bundesrepublik wäre das doch schon mal ein guter Anfang, wir bräuchten ja, um Gleichstand herzustellen, 60 Jahre nur noch Präsidentinnen.«

Ottfried Fischer erklärte: »Ich erwarte mir von Gesine Schwan … den Hohenschwangau für Köhler.« Und Uschi Eid von den Grünen verkündete fröhlich: »Wir haben gute Kandidatinnen!«

Öfter mal hörte ich den Ausdruck »weibliche Doppelspitze«, mit besorgtem Unterton vorgetragen, als sei das eine Doppelaxt. All die Jahre von 1949 bis 2005 hatten wir männliche Doppelspitzen, und niemand hat sie bemängelt, benannt oder auch nur bemerkt.

Fazit: Bis wir nicht durch Zufall eine Bundespräsidentin bekommen, werden wir wohl auch keine angemessene Sprache, geschweige denn ein angemessenes Problembewusstsein erleben.

Und was ist das Problem?

Wie gesagt, das Problem ist eine Sprache, die uns, wenn wir politisch schon mal die Wahl zwischen einer Frau und einem Mann haben, suggeriert, dass eine Frau unpassend ist: »Wer sollte der nächste Bundespräsident werden?« Auf so eine Frage mit drei Maskulina fällt nur noch *hardcore*-FeministInnen eine Frau ein. Im Rechtswesen sind Suggestivfragen/-formulierungen (engl.

»leading/loaded questions«) in vielen Fällen verboten – warum sollte das ausgerechnet bei der Wahl für das höchste Amt im Staate anders sein?!

Deshalb schlage ich statt »Bundespräsident« die Bezeichnung »Bundespräsent« vor. Nach dem Muster »Unität – Intellelle aussteigen!« Ich hatte ein wenig experimentiert mit anderen Möglichkeiten wie *die/der/ das Bundespräsident* (kurz *Bundespräsi* oder *BP*). Hat aber den Nachteil, dass der Genitiv des Neutrums genauso aussieht wie der Genitiv von *der Bundespräsident*: Wieder hätten wir hässliche Formulierungen wie »Wahl/Amt des Bundespräsidenten«. Da klingt doch »Wahl des Bundespräsents« schon viel freundlicher, vor allem frauenfreundlicher. Wir Frauen haben auch mal ein Präsent verdient und können gar nicht präsent genug sein.

Eben höre ich, dass Litauen sich letzte Woche ein Rettungspräsent gegönnt hat: Dalia Grybauskaitė darf als neue Staatspräsidentin und erste Frau in diesem Amt den Karren aus dem Finanzsumpf ziehen, genau wie ihre isländische Kollegin Jóhanna Sigurðardóttir.

Mai 2009

Pfingsten: Ausgießung der heiligen Geisteskraft oder Verzückte Zungen

Heute meldete die *dpa*:

Nur etwas mehr als die Hälfte der Deutschen kennt die Bedeutung des Pfingstfestes. Das ist das Ergebnis einer Umfrage für die »Bild am Sonntag«. Demnach wissen 49 Prozent nicht, dass an den beiden Feiertagen der »Ausgießung des Heiligen Geistes« und der Gründung der Kirche gedacht wird.

Was hingegen die *dpa* und *Bild am Sonntag* nicht wissen: »Der Heilige Geist« ist aus der Mode, heute reden wir stattdessen von der »Heiligen Geistkraft« (*Bibel in gerechter Sprache*). Andere sagen wohl auch »Heilige Geistin«. Gemeinsam ist den Neufassungen, dass sie die Weiblichkeit des Originals, des hebräischen (*ruach*) wie des griechischen (*sophia*), in der deutschen Übersetzung wiedergeben wollen. Schließlich ist eine rein männliche Hl. Dreifaltigkeit nicht mehr zeitgemäß; außerdem wird die Heilige Geistkraft durch eine Taube symbolisiert und nicht durch einen Täuberich!

Das eigentümliche Wort *Pfingsten* leitet sich von griech. πεντηϰοστή [ἡμέρα] (pentekostē [hēmera]) her und bedeutet »der fünfzigste Tag«. Am 50. Tag nach Pessach/Christi Auferstehung waren die Jünger und Jüngerinnen versammelt – und erlebten also die »Ausgießung der heiligen Geistkraft«: Flammen züngelten über ihren Häuptern, und plötzlich konnten sie »in Zungen reden«, so dass auch Anderssprachige sie verstehen konnten. Bei Luther liest sich »das Pfingstwunder« so (Apostelgeschichte 2,1-6):

Und als der Pfingsttag gekommen war, waren sie alle an einem Ort beieinander. Und es geschah plötzlich ein Brausen vom Himmel wie von einem gewaltigen Wind und erfüllte das ganze Haus, in dem sie saßen. Und es erschienen ihnen Zungen, zerteilt wie von Feuer; und er setzte sich auf einen jeden von ihnen, und sie wurden alle erfüllt von dem Heiligen Geist und fingen an zu predigen in andern Sprachen, wie der Geist ihnen gab auszusprechen. Es wohnten aber in Jerusalem Juden, die waren gottesfürchtige Männer aus allen Völkern unter dem Himmel. Als nun dieses Brausen geschah, kam die Menge zusammen und wurde bestürzt; denn ein jeder hörte sie in seiner eigenen Sprache reden.

Frauen gab es damals anscheinend noch nicht. Und das Wunder hielt auch nicht lange an, sonst bräuchten wir nicht so viele Bibelübersetzungen. Auf bibleserver.com gibt es allein acht (!) verschiedene Bibelübersetzungen in deutscher Sprache, 4 in englischer, außerdem Übersetzungen in 30 andere Sprachen.

All diesen Übersetzungen gemeinsam ist das eifrige Bemühen, die Frauen auszumerzen.

Und so fehlt denn auch bei bibleserver.com die schöne neue Übersetzung der *Bibel in gerechter Sprache*, in der der obige Passus wie folgt aussieht:

Als der 50. Tag, der Tag des Wochenfestes, gekommen war, waren sie alle beisammen. Da kam plötzlich vom Himmel her ein Tosen wie von einem Wind, der heftig daherfährt, und erfüllte das ganze Haus, in dem sie sich aufhielten. Es erschienen ihnen Zungen wie von Feuer, die sich zerteilten, und auf jede und jeden von ihnen ließ sich eine nieder. Da wurden sie alle von heiliger Geistkraft erfüllt und begannen in anderen Sprachen zu reden; wie die Geistkraft es ihnen eingab, redeten sie frei heraus. Unter den Jüdinnen und Juden, die in Jerusalem wohnten, gab es fromme Menschen aus jedem Volk unter dem Himmel. Als nun dieses Geräusch aufkam, lief die Bevölkerung zusammen und geriet in Verwirrung, denn sie alle hörten sie in der eigenen Landessprache reden.

* * *

Was fällt der frauenbewegten Frau sonst noch zu Pfingsten ein? Das Lesbenpfingsttreffen, eine ehrwürdige Einrichtung, die es schon in den 20er Jahren gab. 1992 wurde sie der nichtchristlichen Mehrheit zuliebe in Lesbenfrühlingstreffen (LFT) umbenannt. Vom Pfingstwunder des Zungenredens können trotzdem die meisten Lesben auch beim LFT schöne gefühlvolle Lieder singen.

30. Mai 2009 (Pfingstsamstag)

Sel'ge Base

Eine Base ist auch nicht mehr das, was sie mal war. Ännchens berühmte Arie aus dem *Freischütz* beginnt mit den Worten:

> *Einst träumte meiner sel'gen Base ...*

Das ist noch nicht mal 200 Jahre her, und schon sind fast alle Wörter Ännchens nicht mehr in Gebrauch. Heute müsste sie stattdessen singen:

> *Meine verstorbene Tante hat mal geträumt ...*

Früher bedeutete *Base* »Schwester des Vaters« (*Muhme* war die Schwester der Mutter, so genau nahm man das damals). Dann übernahm *Muhme* auch die Funktion der »Base«, und die »Base« verjüngte sich zu »Tochter eines Geschwisters der Eltern«. Dann kam die Base aus der Mode und musste der Cousine weichen.

Es träumt uns auch nichts mehr, sondern wir träumen selber, und die Seligen sind für uns nur noch Verstorbene.

Noch in den 50er Jahren wurde ich von meiner Tante angehalten, ich sollte statt der »undeutschen« Bezeichnungen »Cousin« und »Cousine« besser »Vetter« und

»Base« sagen. Zum Glück verlangte sie nicht, mit »Muhme« angeredet zu werden. »Vetter« wäre ja noch angegangen, aber »Base«, das klang mir doch furchtbar verschroben. In ihrer Familie hatte ich neben den fünf Vettern nur eine »Base«, und so kam das Problem nicht so oft in den Blick …

Heute sehe ich den Rat meiner seligen Tante wieder mit anderen, eher feministischen Augen. »Base« hat gegenüber »Cousine« den Vorzug, dass es ein eigenständiges Wort ist, nicht aus einem Maskulinum (*Cousin*) abgeleitet. Eine Tante möchte ja auch nicht *Onkelin* genannt werden, und schon gar nicht will der Onkel *Tanterich* heißen. Und weshalb ein »Vetter« akzeptabler sein soll als eine »Base« ist auch nicht einzusehen.

* * *

Die verachtete und längst vergessene *Base* begegnet mir plötzlich auf Schritt und Tritt, überall sind Reklametafeln aufgestellt, in denen für sie geworben wird.

Base ist eine Marke des deutschen Mobilfunknetzbetreibers E-Plus, die zurzeit so aggressiv beworben wird, dass sie sogar mir auffiel.

Die 5 Männer, die als Geschäftsführer von *Base* firmieren, werden vermutlich an alles andere gedacht haben als ausgerechnet an Base wie Cousine. Die Base alten Stils ist ihnen vermutlich so fremd, dass ihnen die Übereinstimmung nicht mal eingefallen ist. Auf ihrer Webseite jedenfalls befindet sich eine Schaltfläche, auf der steht »Mein Base«.

Warum haben sie ihre Firma nicht Tante genannt? Da es sich um ein Telekommunikationsunternehmen handelt, wäre doch »Klatschtante« genauso stimmig gewesen wie »Klatschbase«.

Nein – genau wie die *Flat-Rate*, auf die Base so stolz ist, orientiert sich auch *Base* am Englischen und soll vermutlich englisch ausgesprochen werden und nicht treudeutsch – treudoof. *Base* wie *Database* und *Basics* undsoweiter.

Und was ist mit den Raketenbasen und Militärbasen? Am besten abschaffen, mögen auch sie schleunigst zu sel'gen Basen werden. Solange das nicht geplant ist, sollten wir Klatschbasen uns diesen Missbrauch einer altehrwürdigen weiblichen Verwandtschaftsbezeichnung verbitten. Ab sofort heißt es »Raketen-« und »Militärvettern«.

Juni 2009

Kalbin, Stierlein und Flattermann

Es ist schon ein paar Monate her, da hörte ich in einem bayrischen Heimatfilm die Bauersleute um eine entsprungene »Kalbin« bangen.

Das Wort *Kalbin* war mir bis dahin nie begegnet. Um herauszufinden, ob es sich um eine kühne Erfindung der Drehbuchautorin oder um ein »echtes Wort« handelte, schlug ich nach im *Grimmschen Wörterbuch*. Über Kälber hat es endlos viel zu sagen, das geht von *Kalb* über *Kälberbröschen*, *Kälberdreck*, *kälberieren*, *Kälberfusz*, *Kälbermagd*, *Kälbermut*, *kälbernärrisch*, *Kälbersucht*, *Kälberschisz* bis *Kalbin* und noch viel weiter. Über meine *Kalbin* las ich Folgendes:

Kalbin, Kalbe: weibliches kalb das über ein jahr ist und noch nicht gekalbt hat, also in der mitte zwischen kalb und kuh.

Kurz unter diesen Auskünften findet sich der gute Rat: »unter zwei huntert kalben soll man nicht uber zwei stierlein behalten.« Arme Stierlein! :-(

Grammatisch ist die Ableitung eines Femininums (*die Kalbin*) aus einem Neutrum (*das Kalb*) natürlich nicht vorgesehen. Die »Mitgliedin«, kreiert in den tapferen 70er Jahren, hat zwar bis heute kümmerlich überlebt, konnte sich aber nie richtig durchsetzen.

Die Bäuerinnen haben sich nicht um die Grammatik geschert und eine genaue und griffige Bezeichnung für die Art von Kalb geprägt, die ihnen wichtig war: Eine Kalbin ist willkommen und wertvoll, sie wächst heran zur Kuh, gibt jede Menge Milch und »kalbt« womöglich noch viele Male, macht viele weitere Kalbinnen. Was bringt dagegen schon das »Stierlein« – davon braucht die Bäuerin nur zwei auf zweihundert.

Ähnlich ergeht es bekanntlich den armen männlichen Küken in der Legehennenzucht. Die kleinen Flattermänner werden von Spezialkräften sofort nach dem Schlüpfen aussortiert und getötet. Nicht dass es den Kükinnen, die zu Legehennen heranwachsen dürfen, viel besser ginge, aber sie genießen immerhin eine gewisse Wertschätzung.

Dass das weibliche Exemplar einer Gattung höher geschätzt wird als das männliche – die Welt scheint auf den Kopf gestellt. Bei den Menschen jedenfalls läuft es genau umgekehrt. Nur bei Katastrophen (»Frauen und Kinder zuerst«) und in Kriegszeiten besinnt sich die Gemeinschaft manchmal widerwillig auf die alte Weisheit, dass eine Gesellschaft ohne ihre Frauen nicht fortbestehen kann, während von den Männern dafür einige wenige ausreichen, wie bei den Stierlein.

Juli 2009

Mit Vanille gen Italien

Zuerst bekam ich die Kopie eines Protestbriefs von Heide Göttner-Abendroth an den Wagenbach Verlag wegen des phallischen Titelbilds zu dem Buch: *Vulva: Die Enthüllung des »unsichtbaren Geschlechts«* von Mithu M. Sanyal:

> Das sehr kundige Buch ist doch dem Thema »Vulva« gewidmet, darum verstehen wir nicht, wieso das unsichtbare Gechlecht, das Sie doch »enthüllen« wollen, sogleich wieder unsichtbar gemacht wird? Noch dazu durch eine dicken, großen Baumstamm, dessen sexuelle Analogie deutlich genug ist. Ein dicker »Penis« und eine kleine Frau mit unsichtbarer Vulva, von der nur die gespreizten Beine zu sehen sind. Sexistischer und frauenfeindlicher geht es wirklich nicht! Das Ganze erlaubt zudem die Assoziation an Vergewaltigung – und das nach 30 Jahren feministischer Kritik an der Gewalt gegen Frauen.

Dann las ich einen Auszug aus dem Vulva-Buch in der neuen *Emma*. Hat mir sehr gut gefallen – wenn ich wieder in Deutschland bin, besorge ich mir das Buch, das bis dahin hoffentlich schon ein neues Titelbild bekommen hat.

Ich las dann noch einige Online-Interviews mit Mithu M. Sanyal, in denen sie erzählt, dass die »Vagina« der Vulva sozusagen die Schau gestohlen hat. Das liegt vielleicht an dem Erfolg von Eve Enslers *Vagina-Monologen* von 1998. Sie meint mit »Vagina« eindeutig nicht nur das »Loch da unten«, sondern, pars pro toto, die ganze Vulva mit allem Drum und Dran. Früher redeten wir deutschsprachigen Frauen ja – wenn überhaupt über die Gegend »da unten« – schamhaft von unserer »Scham«, die anatomisch gesehen exakt der »Vulva« entspricht. Nur, welche Frau, die auf sich hält, möchte sich heute wegen »untenrum« schon »schämen«? Feiern ist stattdessen angesagt, so wie Eve Ensler es vorgemacht hat. Und so kam auch hierzulande das tapfere Aussprechen des Wortes »Vagina« in Mode – ein Anglizismus wie so viele andere. In Seminaren, bei denen wir nach schöneren Wörtern für unsere »Scham« suchten, kam *Vulva* nicht an, nicht mal *Vulkania* (eine sinnige Fortentwicklung aus dem Scham- oder Venushügelchen). Den Frauen gefiel am besten *Vagina*, sie betonten es immer auf der ersten Silbe, was mir als Lateinerin widerstrebte, auch klingt es so sehr nach »vage« – aber meine Einwände fruchteten nichts. Dann doch lieber gleich *Vanille*. Wirklich, im Duden Herkunftswörterbuch (3. Auflage 2001!) finden wir unter »Vagina« – nichts, nur den Verweis: »s. Vanille«, und dort steht:

> Vanille: [...] Das span. Wort (*vainilla*) bedeutet eigentlich »kleine Scheide; kleine Schote«. Es ist eine Verkleinerungsbildung zu span. *vaina* »Scheide; [Samen]hülse; Schote«, das aus lat. *vagina* »Schwertscheide; Scheide; Ährenhülse« stammt, aus dem auch *Vagina* »weibliche Scheide« entlehnt ist.

Nun wissen wir auch, woher der Vanilla-Sex seinen Namen hat.

Wie dem auch sei, worum es mir jetzt geht, das ist unser unaufhaltsamer Siegeszug »gen Italien«. Die männlichen Genitalien sind ja schon lange in Mode; phallisch schießt es immerfort aus allen Rohren. Nun ziehen wir also endlich nach, und das ist auch gut so. Oder vielleicht nicht?

Mit Judy Chicago, die am 20. Juli ihren 70. Geburtstag feiert, fing es vor 30 Jahren an. Die Dinnerparty mit ihrer Feier der großen Frauen der westlichen Geschichte durch üppig schwellende Vulven, serviert auf schön gestalteten Porzellantellern auf liebevoll handgearbeiteten Läufern (Läuferinnen?) – das war damals keine schlechte Provokation.

Knapp 20 Jahre später kam Eve Ensler mit ihren Vagina-Monologen. Die Vagina fing an zu sprechen und erzählte Grausliches und Wunderbares. Jedenfalls musste sie mühsam freigelegt werden, und wir waren erschüttert und hingerissen.

Seitdem überschlagen sich die Ereignisse und Bestsellerinnen: Letztes Jahr Charlotte Roches *Feuchtgebiete*, ein Jahr später schon Mithu Sanyals *Vulva*.

Nächstes Jahr kommt sicher die Klitoris endlich mal wieder dran und die Brust nebst Muttermilch. Und die armen Brustwarzen mit ihrem scheußlichen Namen hätten auch mal wieder mehr Aufmerksamkeit verdient. Manche sagen »Brustknospen« – aber da gibt es sicher noch Besseres – Kreative vor!

Über die Menstruation habe ich auch schon ewig nix mehr gehört (*Die weise Wunde Menstruation* erschien fast gleichzeitig mit der *Dinner Party*, Jutta Voss' *Schwarzmondtabu* vor über 20 Jahren!). Auch Tampons haben noch keinen Platz an der Sonne. Und wie ist es mit dem Ausfluss, den Slipeinlagen und überhaupt den Windeln für Alt und Jung? – Gehört vielleicht alles zum Thema »Feuchtgebiete«, ich habe das Buch leider noch nicht gelesen.

Ja, es gibt viel aus der Scham-Ecke zu holen und mit Pomp zu feiern.

Vergessen wir bei all der Begeisterung über unsere wiederentdeckten und gründlich rehabilitierten Genitalien aber nicht unser wichtigstes und am besten verborgenes Sexualorgan: Das Gehirn.

Trotzdem hätte ich Virginia Woolfs Gehirn nur ungern auf einem schön gestalteten Porzellanteller serviert bekommen. Ob sie selber begeistert gewesen wäre, durch ihre Vulva, wenn auch nur symbolisch, vertreten zu werden – statt durch eins ihrer Werke?

Juli 2009

Sie sucht sie, er sucht er

Wir wissen schon lange, dass es nicht leicht ist, über Frauen zu schreiben, uns fehlen einfach die Worte.

Vieles haben wir bereits zurechtgerückt; wir haben die *Ratsfrau*, die *Amtfrau* und die *PhysikerInnen*; statt *Wenn man sein Kind stillt* sagen wir heute *Wenn frau ihr Kind stillt*, und das Pronomen *frau* steht sogar seit 2006 im Duden (30 Jahre hat's gebraucht!).

Über die passenden Pendants zu *Bauherr* (*Baufrau*?) und *Schirmherr* (*Schirmfrau*?) wird noch diskutiert.

Kaum diskutiert wird der Mangel an »weiblichen Formen« in der deutschen Sprache, obwohl doch die weiblichen Formen angeblich so beliebt sind.

Nehmen wir die Überschriften in Partnerschaftsanzeigen: *Er sucht sie*, *Sie sucht ihn*, *Sie sucht sie*, *Er sucht ihn*. Nur wenn *eine Frau eine Frau* sucht, bleiben die Formen sich gleich (wie in diesem Satz, den Sie grade lesen). Nicht so, wenn *ein Mann einen Mann* sucht. *Sie sucht sie* heißt es, aber nicht *Er sucht er*.

Wird ein Femininum dekliniert, kommen wir auf ganze zwei Formen:

Die Frau, der Frau, der Frau, die Frau

Der Mann bekommt hingegen vier Formen, damit ist er für alle Ausdrucksprobleme gerüstet:

Der Mann, des Mannes, dem Manne, den Mann.

Nun werden manche gutmütigen Frauen wieder ausrufen: »Na und? Was soll daran schon schlimm sein?«

Schlimm wird der Mangel an Formen genau dann, wenn ich darüber reden möchte, wie Frauen miteinander umgehen, was sie miteinander alles unternehmen. Aber dieses schöne Thema ist nicht erwünscht; jedenfalls kommt es in der hohen und niedrigen Literatur offenbar so selten vor, dass es sich in Wörterbüchern, die ihre Belege aus dieser Literatur entnehmen, nicht niedergeschlagen hat:

Als ich 1983 das Duden-Bedeutungswörterbuch analysierte (in: *Das Deutsche als Männersprache: Aufsätze und Glossen zur feministischen Linguistik.* 12. Aufl. 1984, S. 135-144), kam ich zu dem betrüblichen Schluss, dass die Grundregel dieses Werks lautet: *Frauen kümmern sich um den Mann und die Kinder – mit Frauen haben sie nichts zu tun.* Männer dagegen hatten in dem Werk wenig mit Frauen zu tun, hauptsächlich gingen sie mit Männern um, im Guten (*er lieh ihm sein Fahrrad*) wie im Bösen (*er haute ihm ein Ohr ab*). »Sie zeigte ihm Ansichtskarten von Berlin«, lese ich da als Beispiel für den korrekten Gebrauch von *Ansichtskarte.* »Sie zeigte ihr Ansichtskarten« – so was kommt auf 80 Seiten (Umfang des Buchstabens A) nicht vor. Überhaupt kommen niemals zwei Frauen in einem Satz vor, bis auf dieses Beispiel: *Sie fuhr anstelle ihrer Schwester mit* (Beispielsatz für das Wort *anstelle*). Die armen Schwestern kommen in dem Satz zwar gemeinsam vor, unternehmen aber wieder nichts zusammen!

Seit den siebziger Jahren aber gibt es sie, die Literatur von Frauen über Frauen, und der Mann ist immer noch eine beliebte, aber nicht wie ehedem notwendige Zutat.

Frauen, die über Frauen schreiben, stellen fest, dass die fehlenden weiblichen Formen das Schreiben erheblich behindern können. Als Joey Horsley und ich das Buch *Frauengeschichten* über berühmte Frauen und ihre Freundinnen herausgaben, stießen wir fortwährend auf Sätze mit dem hässlichen *diese*. Das *diese* scheint bei der Beschreibung von Frauenbeziehungen unerlässlich, damit wir noch einigermaßen durchblicken.

Hatte Irma nach der Silvesterfeier noch Zweifel daran, ob ihre Gefühle für Gabi nicht einseitig wären, war sie sich jetzt deren Gefühle sicher. Diese stand zu ihrer Liebe und schien keine Probleme damit zu haben.

Sprachlich viel einfacher sind da Heterobeziehungen:

Hatte Jan nach der Silvesterfeier noch Zweifel daran, ob seine Gefühle für Gabi nicht einseitig wären, war er sich jetzt ihrer Gefühle sicher. Sie stand zu ihrer Liebe und schien keine Probleme damit zu haben.

Oder nehmen wir diese Idee:

Niemand kannte ihn so gut wie sie.
Niemand kannte er so gut wie sie.
Niemand kannte er so gut wie ihn.
Niemand kannte ihn so gut wie er.
Niemand kannte sie so gut wie ihn.
Niemand kannte sie so gut wie sie.

Nur beim letzten Beispiel bleibt es völlig im Dunkeln, welche der beiden »sie« die andere so gut kennt.

Ich könnte Bände erzählen über diese Problematik, die sich erst dann im vollen Maße auftut, wenn wir über Frauen schreiben wollen. Die deutsche Sprache stellt uns dafür zu wenig »weibliche Formen« bereit.

Matthias Behlert, der kühne Pionier für eine gerechte Sprache, hat das Problem meines Wissens als Erster erkannt und auch gleich zu lösen versucht:

Er meint, dass alle deutschen Substantive wie folgt dekliniert werden sollten (s. *Die Häsis und die Igelin: 15 Grimmsche Märchen, überarbeitet und in entpatrifiziertes (gerechtes) Deutsch übertragen. Unveröff. Ms, hier online als pdf-Datei. www.nlp.li/HaesisIgelin1.pdf*):

Die Frau, der Frau, dem Frau, den Frau
Die Mann, der Mann, dem Mann, den Mann
Die Kind, der Kind, dem Kind, den Kind.

Tja. Durchschlagend, aber gewöhnungsbedürftig, ich gebe es zu.

Juli 2009

Pretties

Männer singen »aus voller Brust«, »werfen sich in die Brust«, und reden »im Brustton der Überzeugung«, auch »brüsten« sie sich weit öfter als Frauen irgendwelcher Fähigkeiten. Trotz all der Brusttöne ist die männliche Brust aber derart unterentwickelt, dass die Männer uns nicht nur das Gebären, sondern auch noch das Stillen überlassen müssen.

Wozu haben Männer überhaupt Brustwarzen, wenn sie nicht einmal ihr Kind mit gesunder Vatermilch stillen können?

Vor vier Jahren stellte ich diese schlichte Frage der Redaktion des 3sat-Wissenschaftsmagazins *nano*. Bis heute kam keine Antwort. Entweder fanden sie die Frage abartig bzw. unwichtig, oder sie wissen es auch nicht.

Wenn es schon die »männliche Brust« gibt, hätten wir auch Verwendung für eine »männliche Scham«, komplett mit *Schamstengel* und *Schambeutel*. Es ist nicht einzusehen, dass bei den Männern das Schämen schon beim Schamhaar aufhören und nur wir Frauen uns schämen sollen.

Die merkwürdige Bezeichnung »Brustwarzen« kann sich nur auf die männlichen Kümmer-Exemplare der Gattung beziehen. Wir Frauen verdienen einen schöneren Namen für unsere Prachtstücke.

Die kleine Umfrage in »Mit Vanille gen Italien« (s. S. 97) brachte nur spärliche Ergebnisse: Ellie und ihre Partnerin sagen »Brustbeeren«, andere wie gesagt »Brustknospen«. Auch »Tüttelchen« und »Tüpfel(chen)« habe ich gehört (wie in i-Tüpfel(chen)). Hm, ich weiß nicht. Besser als »Brustwarzen« aber natürlich allemal!

Aber irgendwie gefällt mir auch das Wort »Brust« nicht so recht, auch nicht im Plural, ganz im Gegensatz zu den zwei Hübschen selber. Neulich redeten wir zu vier Freundinnen über weibliche Sexualität; ich erzählte von Shere Hites *Report on Women Loving Women* (2007), in dem sie argumentiert, dass weibliche Sexualität und Körperlichkeit ein angst- und schambesetztes Tabu zwischen Müttern und Töchtern sei, was letztlich jegliche Solidarität zwischen Frauen untergrabe. Wahrscheinlich gefällt mir das Wort »Brust« nicht, weil meine Mutter mich verprügelte, als ich ihr mit fünf Jahren stolz eine rudimentäre Zeichnung einer »weiblichen Brust« zeigte, zwei Halbkreise mit je einem Tüttelchen drin. Ich hatte diese Kunst wohl gerade im Kindergarten gelernt. Ein für alle Mal wollte sie mir solche Unsittlichkeit austreiben!

Joey, wie immer skeptisch, glaubte nicht an Shere Hites These und erzählte folgendes Erlebnis mit ihrer Mutter. Das kleine Schwesterchen war eben angekommen, und Joey sah ihrer Mutter beim Stillen zu. Auf die Frage, woran das Schwesterchen denn da nuckele, sagte die Mutter zärtlich und stolz: »Those are my pretties.«

Die beiden unterschiedlichen Geschichten gaben uns viel zu denken, und die »pretties«/Hübschen haben wir natürlich sogleich begeistert unserem Wortschatz einverleibt. Frau beachte das hübsche Wort »einverleibt« – es bezeichnet auch eine weibliche Tätigkeit, die Männer gern zu »Penetration« verfremden. Ja es bleibt viel auszubessern.

August 2009

prue.de

Eine Freundin schrieb mir, ob ich nicht Lust hätte, im Oktober zur Verleihung des 1. Feministischen Pornofilmpreises nach Berlin zu fahren. Hinzugefügt war ein Link zu »www.poryes.de«. Über die Initiatorin von *poryes* (wie *PorNo*) teilte sie mit: »Laura Mérrit, kenne ich, ist ganz toll.«

Um die feministische Pornodebatte war es ja nach den 80er bis 90er Jahren wieder still geworden, wohl nicht zuletzt, weil eine der Hauptakteurinnen, Pat Califia, inzwischen ein Mann ist, sie heißt jetzt Patrick Califia.

Nun soll die alte Debatte also wiederbelebt werden. Brauchen wir feministische Pornos? Laura Mérrit wie Pat(rick) Califia verstehen darunter Pornos über einvernehmlichen Sex, in dem weibliche Lust im Mittelpunkt steht. Pornos, an deren Produktion und Vermarktung Frauen kräftig beteiligt sind. Pornos, in denen statt des öden und stressigen Stoßverkehrs Sexualpraktiken aller Art gezeigt werden und Frauen aller Art auftreten, junge bis alte, schwarze bis weiße, dünne bis dicke, undsoweiter.

Klingt gut, aber brauchen tu ich so was nicht. Vielleicht liegt das an meinem reifen Alter und reichlichen sexuellen Erfahrungen. Als ich noch jung und unerfahren war, fand ich pornografische Literatur manchmal anregend, aber schon bald fand ich meine eigene Phantasie interessanter und anregender als Fremdvorlagen.

Pornografie also für phantasiebehinderte und unerfahrene Menschen? Warum nicht? Allerdings besteht natürlich die Gefahr, dass die Vorstellungskraft durch Pornokonsum, auch feministischen, eingeschränkt wird und allmählich verkümmert. Dass also, ähnlich wie bei den Diäten, das angebliche Hilfsmittel den unerwünschten Zustand, den es zu bekämpfen vorgibt, erst herbeiführt oder verschlimmert. Und dass genau dadurch ein Teufelskreis entsteht, der für die Porno- oder die Diätindustrie äußerst lukrativ ist, denn immer stärkere Mittel müssen her. Noch etwas: Mir würde jegliche Lust vergehen, wenn ich beim Sex gefilmt würde, und dementsprechend ist mir aus Empathie mit den DarstellerInnen auch das Zuschauen unangenehm bis widerlich.

Kurz und gut, ich bin eine bekennende Prüde. Vielleicht sollte ich auch eine Webseite – »www.prue.de« – für Gleichgesinnte einrichten, denen das aufdringliche sexuelle Überangebot unserer Kultur die empfindlichen Lustinstrumente verstimmt.

Übrigens hat das Wort *prüde* ganz zu Unrecht einen schlechten Ruf; es ist – wie *Feministin* oder *emanzipierte Frau* (»Emanze«) – das Opfer einer der vielen männlichen Verleumdungskampagnen gegen aufmüpfige Frauen und gehört endlich rehabilitiert und wiederbeansprucht (»reclaimed«). Das *Grimmsche Wör-*

terbuch gibt an, *prüde* komme aus dem Französischen und bedeute »übertrieben sittsam, spröde, geziert«. Substantiviert sei es in Gebrauch als *die Prüde*, als Beleg bekommen wir »Madame ist eine alberne Prüde« von Kotzebue. *Der Prüde* fehlt – prüde Männer gibt es offenbar nicht.

Und das hat auch seinen guten Grund, wie weiteres Nachforschen ans Licht bringt. Im *Duden Herkunftswörterbuch* heißt es:

> Das Adjektiv wurde im 18. Jh. aus gleichbed. frz. *prude* entlehnt, das seinerseits zu frz. *preux* (afrz. *prod*) ›tüchtig, tapfer‹ gehört und sich vermutlich aus einer Fügung *prudefemme (afrz. *prode femme*) ›ehrbare Frau‹ herausgelöst hat (beachte entsprechend frz. *prud'- homme* ›Ehrenmann‹.

Auch das englische *proud* »stolz« leitet sich aus jenem frz. *prud* ab, somit auch *pride*, wie in *gay pride*.

Wir haben uns ja schon immer gewundert, wo die *Ehrenfrau*, das fehlende Pendant zu *Ehrenmann*, abgeblieben ist. Endlich ist sie wiedergefunden – es ist jenes als »prüde« beschimpfte Ärgernis für den Lustmolch: die Prüde, vielleicht gar eine Prüde mit gay pride?

August 2009

Julia Child und ihr Meistawerk

Vor einer Woche haben wir uns Nora Ephrons »überaus köstlichen« Film *Julie and Julia* angesehen, mit Meryl Streep und Amy Adams. Am 3. September läuft er in Deutschland an – richtig was zum Fräuen in diesen finsteren Zeiten. Ein Film über Kochkunst von einer

Frau, die mehr von Frauen versteht, als ihr vielleicht lieb ist (vgl. Ephrons meistahaftes Drehbuch zu *Sodbrennen* [*Heartburn*]), mit zwei wunderbaren Hauptdarstellerinnen. Dem Film liegen zwei Bestsellerinnen von Frauen zugrunde: Der Bericht Julie Powells über ihre leidenschaftliche, hingebungsvolle Kochbeziehung zu dem kulinarischen Urgestein Julia Child (1912-2004) und der Bericht Julia Childs über ihre Zeit in Frankreich, *My Life in France*.

Julia Child hat 1961 den USA die Bibel der französischen Kochkunst beschert, nach 8 Jahren lustvoller Schwerstarbeit in der Pariser Kochakademie Cordon Bleu und in ihrer Küche. Die Bibel heißt *Mastering the Art of French Cooking*, als Co-Autorinnen sind Louisette Bertholle und Simone Beck aufgeführt (aber wie uns der Film belehrt, hatte Louisette eigentlich nicht viel damit zu tun, sie war meistens faul ...)

Auf Deutsch gibt es die Bibel noch immer nicht, aber das wird sich hoffentlich ändern, wenn die Deutschen den Film gesehen haben und ein sehnsüchtiges Geschrei anstimmen. Julie Powells Hommage an Julia Child gibt es bereits (*Julie & Julia: 365 Tage, 524 Rezepte und 1 winzige Küche*) – nach dem Film und ihrem sympathischen Blog zu urteilen, bestimmt sehr vergnüglich zu lesen. Und auch noch lehrreich!

Was habe ich da eben geschrieben? Eine Hommage? Das ist natürlich keine Hommage, sondern eine Femmage, denn:

Im Mittelalter verstand man unter »Hommage« eine feierliche Zeremonie, ... eine symbolische Bestätigung des Vasallenvertrages, der zwischen zwei freien Männern geschlossen worden war. Dabei versicherte der Vasall dem Lehnsherrn, dessen »Mann« (franz. homme) zu sein. (Wikipedia)

Wir haben uns die Femmage an Julia Child zu drei Frauen reingezogen, das Kino war bis auf den letzten Platz besetzt, das Publikum war quietschvergnügt, die paar Männer eingeschlossen.

Hommage, also wirklich! Wieder mal müssen wir unsere Wörter selber machen, und das hört hier bei *Hommage > Femmage* nicht auf. Denn das Kochbuch selber, neben der wunderbaren Julia Child der zweite Gegenstand der Femmage, trägt wie gesagt den unschönen Titel *Mastering the Art of French Cooking*. Drei Frauen als Autorinnen, und Julias Muttersprache hat dafür nur »Mastering« anzubieten? Schändlich, aber das müssen wir nicht tatenlos hinnehmen. Sheila Jeffreys, von der ich grade zwei meistahafte Bücher gleichzeitig lese, zeigt uns, wie es geht:

> Women spend a great deal of time and money learning and practising to be beautiful. Especially if they feel they have mistressed this well, it may be difficult to accept that it was all for naught and the skills have no value. (Sheila Jeffreys. *Beauty and Misogyny: Harmful Cultural Practices in the West.* 2005, S. 174).

Also: Die nächste Auflage von Julias Meistawerk sollte heißen: *Mistressing the Art of French Cooking*.

Und auf Deutsch? Ich schlage vor: *Französische Kochkunst – Eine Femmage.* Bon Appétit!

August 2009

Santa Claus und die heilige Nikolaus

Morgen ist schon wieder Nikolaus, und die FeministInnen unter den Müttern und Vätern fragen sich, wie sie den Männerrummel um dieses Fest ein wenig feminisieren können, damit die Kleinen ein gendermäßig ausgewogenes Weltbild entwickeln.

Früher bekam ich regelmäßig Mails von Müttern, die die »heilige Nikoläusin« feierten und den Kleinen nicht nur »Stutenkerle«, sondern auch »Stutenfrauen« buken. Die zwittrige Bezeichnung »Stutenkerl« kommt daher, dass der Stutenkerl ein Hefegebäck ist und Hefe und Hefegebäck in manchen Gegenden »Stute« oder »Stuten« heißen.

Ziemlich zwittrig ist auch »Santa Claus«. Ein erster und entscheidender Schritt in die richtige Richtung ist da schon geschafft, denn »Santa« passt eigentlich nur zu Frauen.* Wir kennen Santa Maria, Santa Margherita, Santa Lucia, Santa Monica, Santa Barbara usw. Aber Santa Claus?? Eigentlich müsste er San Claus heißen, wie San Francisco nach dem heiligen (»San«) Franziskus oder San Diego nach dem heiligen Diego de Alcalá oder Sant Iago (Santiago) nach dem heiligen Jakob, der kürzlich – nachdem Hape Kerkeling auf dem Sankt-Jakobs-Weg nach Santiago de Compostela dann mal weg war – ein strahlendes Comeback hatte.

Entsprechend ihrer Transgender-Natur sollte Santa Claus abwechselnd als Frau oder als Mann auftreten, mit Rudolph oder Ruth, dem rotnäsigen Rentier.

Und die heilige Nikoläusin? Finde ich nicht sehr gelungen. Viel besser und naheliegender ist doch »Die heilige Nikolaus«. Viele Kinder haben heute ja eh genug leidvolle Erfahrungen mit Läusen, und es kann nicht schaden, ihnen die Tierchen in freundlicherem Gewande nahezubrigen.

Alle Geschichten um den Nikolaustag mit Knecht Ruprecht und seiner Rute, Rudolph, dem Rentier, undsoweiter sind ja sowieso reine Erfindung, bloß wir Frauen haben dazu nicht genügend beigetragen. Höchste Zeit, dass wir unsere eigenen Mythen basteln.

Wie wäre es für den Anfang mit dieser Version: Die heilige Nikolaus ist eine besonders liebe und machtvolle Laus, die fürstlich durch die Lande reist im Rauschebart des heiligen Nikolaus: Er ist nach ihr benannt und eigentlich nur ihr Transportvehikel. Sie leitet und lenkt ihn, und wenn er nicht spurt und den Kindern nicht genug Geschenke bringt oder ihnen gar mit der Rute kommen will, beißt sie ihn mal kräftig.

Heilige Nikolaus, gutes Tier! Wie konnten wir nur so lange ohne dich leben!

* Für diejenigen, denen die Transgendernatur von Santa Claus nicht einleuchtet: »Santa Claus« soll sich vom niederländischen »Sinterklaas« herleiten.

5. Dezember 2009

Der Kindle, die Windel und das Kindl

Vor kurzem schrieb mir meine Freundin Eva: »Hast Du noch keinen Kindle für die Reisen? Du bist doch sonst so fortschrittlich, was Technik betrifft!«

Ich schrieb zurück: »Warum sagen wir eigentlich ›der Kindle‹? Jedenfalls – das Kindel ist mir noch nicht fortschrittlich genug, weil es noch keinen Zugriff auf deutsche Bücher und Zeitschriften hat. Wenn sie das geschafft haben, werde ich wohl zuschlagen.«

Ich habe eben das Christkindl beauftragt, Joey zum Fest eine Kindle vorbeizubringen, sie ist Amerikanerin und gehört damit zur ersten Zielgruppe dieses Lesegeräts bzw. e-Book-Readers. Außerdem klagt sie oft über die vielen Bücher, mit denen ich nicht nur meine Wohnung, sondern auch ihr Haus vollstopfe. Mit der neuen Kindle kann sie schon mal entschlossen gegensteuern, und ich werde mit einem eigenen Kindel, das auch Deutsch kann, dann ebenfalls meine Neigung bekämpfen, das Haus mit Büchern zu vermüllen.

Sie merken, ich bin im Umzugsstress, und die Frage, welche Bücher mitziehen sollen und welche nicht, bricht mir das Herz. Mit einem Kindel wäre das alles gar kein Problem mehr: Alle Bücher ziehen *überallhin* mit, denn sie beanspruchen keinen Platz und wiegen fast gar nichts.

Nochmal zum Christkind – auch da ist die Frage nach dem Geschlecht irgendwie ungeklärt. Auf Abbildungen sieht es aus wie ein Mädchen, aber das Jesuskind war ja doch wohl eher ein Junge.

Die Verweiblichung hängt sicher mit der Kindlichkeit zusammen. Auch das Münchner Kindl fing ja mal als gestandener Mönch im Wappen von München an und hat sich über die Jahre zu einem stattlichen Mädel entwickelt, weil das Volk die Mönchskutte als Kleid interpretierte. Und Jungs tragen schließlich keine Kleider.

Viele von uns kennen aus dem Familienalbum diese Bilder von VorfahrInnen um die Wende zum 20. Jahrhundert, auf denen Mädchen und Jungen dieselben hübschen Kleidchen tragen. Die Jungen wurden nicht als Mädchen verkleidet, sondern beide Geschlechter trugen Kindlkleidung bzw. Windlkleidung. Wenn die Kleinen noch in die Windeln machten, war das Windelwechseln einfacher, wenn sie darüber ein Kleidchen trugen. Hosen bekamen die Jungs, wenn sie sauber waren.

Und die Mädchen? Sie blieben in der Kinderkleidung stecken bis ins hohe Alter, weil der Mann die Frau erstens eher kindlich und zweitens am liebsten rundum leicht zugänglich mag.

Die Kanzlerin, Hillary und andere mächtige Frauen haben das erkannt und tragen grundsätzlich keine Windelkleidung. Das handliche Kindel tragen sie in der Hosentasche oder im Jackett.

Dezember 2009

Weibliche Formen schmerzlich vermisst

Während eines Umzugs fällt einer allerlei wieder in die Hände. Ich fand vorgestern eine Audio-Cassette wieder, einen Mitschnitt der schönen Sendereihe »Zwischentöne« vom September 2004, Sabine Küchler im Gespräch mit Maria Frisé, früher Feuilleton-Redakteurin bei der *FAZ*. Sie hatte gerade ihre Erinnerungen unter dem Titel *Meine schlesische Familie und ich* herausgebracht, und Küchler fragte sie:

Sie haben den Weg zurück in die eigene Kindheit schon einmal eingeschlagen, in einem andern Buch. Vor 14 Jahren, glaube ich, erschien ein schmaler Band mit dem Titel *Eine schlesische Kindheit*, ein Buch, das damals in einer sehr deutlich literarischen Perspektive erzählt wurde, in der dritten Person, aus der Sicht eines kleinen, dann heranwachsenden Mädchens. Und hätte es in diesem Buch nicht Familienfotos gegeben und ein knappes Nachwort von Ihnen, so wäre man vielleicht gar nicht so sicher gewesen, dass diese schlesische Kindheit, von der dort erzählt wird, *Ihre* Kindheit ist. Wie war das jetzt, was hat Sie heute in die Lage versetzt, von diesem »er«, dem kleinen Mädchen damals, ja, so ungeschminkt heute »ich« sagen zu können? Was ist da passiert?

Maria Frisé:

Also das war ein Kunstgriff, dass ich in die Person meiner zehnjährigen oder zwölfjährigen Kindheit zurückschlüpfte. [...] Aber dieses Kind war für mich schon 'n bißchen fremd, und nur die Form, aus der kindlichen Perspektive etwas zu schreiben – in der Literatur gibt's das ja sehr häufig –, hat mich sehr gereizt, und ich hab ja auch für dieses Buch zwei Literaturpreise gekriegt.

Literaturpreise hin oder her – da reden zwei gestandene Literatur-Fachfrauen miteinander über Erzählformen und -perspektiven, und es fällt weder der einen noch der anderen etwas auf. »... von diesem *er*, dem kleinen Mädchen damals ...«, da hätte doch der einen die Zunge verdorren müssen und der anderen das Gehör.

Aber sie benutzen lediglich brav – und anscheinend bewusstlos – die alten Fachbegriffe einer patriarchalen Literaturwissenschaft, die nur *den* Ich-Erzähler kennt und die *Er*-Form im Gegensatz zur Ich-Form. Ein Literatur-Kurs der Fern-Uni Hagen von heute belehrt uns:

> Der Erzähler spricht entweder von sich oder von anderen. Dementsprechend wird das erste Verhältnis als Ich-Form, das zweite als Er-Form bezeichnet.

(Komplett nachzulesen – wenn Sie sich das antun wollen – in aller Mannhaftigkeit unter http://www.fernuni-hagen.de/EUROL/termini/welcome.html?page=/EUROL/termini/9210.htm.)

Und wenn »*der* Erzähler« mal ausnahmsweise was über Frauen erzählen möchte? Ist ja sogar den Allergrößten durchaus schon mal unterlaufen, denken wir nur an Fontanes *Effi Briest*, Flauberts *Madame Bovary* oder Tolstojs *Anna Karenina*. Benutzen die vielleicht die Er-Form für ihre Heldinnen? Das wäre ja schon recht putzig, und sie ließen es denn auch.

Na und erst die Erzähler*innen*, die in der Sie-Form über andere Frauen schreiben. Und die Erzählerinnen, die von sich in der dritten Person sprechen, z. B. Maria Frisé in »Eine schlesische Kindheit« oder Christa Wolf in »Kindheitsmuster«. Sie alle benutzen nicht »die Er-Form«, sondern sinnigerweise die Sie-Form.

Wir sehen hier Schillers alten Spruch von der »bösen Tat, die fortzeugend Böses muss gebären« wieder einmal bestätigt: Hätte man neben *dem* Erzähler, *dem* Ich-Erzähler etc. auch schon mal *eine* Erzähler*in* ins Auge gefasst, so wäre wohl der Klops mit der Er-Form nicht passiert. »Der Erzähler« – das kann mann einigen von uns noch immer als geschlechtsneutral verkaufen – aber nicht die Er-Form.

Denn einen solchen Romananfang werden Sie nicht finden: »Die Marquise ging um fünf Uhr aus; er war mit seiner Freundin zum Tee verabredet.«

Januar 2010

Zeugemutter und Jungfernzwinger in der Barocke

Kürzlich habe ich während der Hausarbeit und vor dem Einschlafen Egon Friedells *Kulturgeschichte der Neuzeit* (1927-31) in Auszügen gehört. Faszinierend! (Die Hörfassung des kompletten Mammutwerks mitsamt Kommentar zum Runterladen gibt es unter http://no-na.net/friedell/.)

Ich will jetzt nur zwei Dinge herausgreifen, die mich seither beschäftigen. Zum einen schreibt Friedell nicht »der« oder »das Barock«, wie wir das gewöhnt sind, sondern »die Barocke«:

S. 550: ... ist die französische Barocke keine reine Barocke

S. 551: Alle dieser Varianten finden sich in der Barocke zu einem gewissen Grade vereinigt.

S. 561: ... als ob die Barocke, die in Leibniz kulminiert, einfach die Tendenzen der Renaissance fortsetzen würde (Egon Friedell, *Kulturgeschichte der Neuzeit: Die Krisis der europäischen Seele von der schwarzen Pest bis zum 1. Weltkrieg*. München 1984).

Ich habe bis jetzt nicht herausbekommen, ob das eine Redeweise ist, die mit Nachdruck geächtet wurde, denn schließlich ist sie uns heute völlig ungewohnt – oder ein

Austriazismus. Auf letztere Idee brachten mich meine Recherchen im Internet, wo ich einen Artikel von Alfred Polgar fand, der noch im Jahre 1950 Folgendes von sich gibt: »Friedell war eine Figur der österreichischen Barocke, verpflanzt ins 20. Jahrhundert.« (Aus: »Der große Dilettant. Egon Friedell und seine *Kulturgeschichte der Neuze*it – Der Mann und das Werk.« *Der Monat* 16/1950, S. 410-419.)

Vielleicht können Leserinnen mir Auskunft geben, wie es zu »die Barocke« kommt und ob das irgendwo noch heute gesagt wird. Ich finde natürlich, dass wir den hübschen Ausdruck wiederbeleben sollten. Kann gar nicht genug Feminina geben. Und mit der Barocke werden ja sowieso überwiegend üppige »barocke« Frauen assoziiert, wie Rubens, jener Inbegriff der Barocke, sie so gern malte.

Mein zweiter Friedell-Fund ist folgende Stelle:

Zur Reinigung der Sprache von den zahlreichen spanischen, italienischen und französischen Brocken wurden zwei große literarische Vereine gegründet: 1617 die Fruchtbringende Gesellschaft oder der Palmenorden, 1644 die Pegnitzschäfer oder der gekrönte Blumenorden [...]. Aber der Purismus, den diese Reformer so eifrig betrieben, war nichts als gewendete Kauderwelscherei. Der rabiateste von ihnen, Philipp von Zesen, begnügte sich nicht damit, alle Fremdwörter zu exkommunizieren, sondern wollte auch den griechischen Göttern nicht ihre ehrlichen Namen lassen, indem er Pallas in Kluginne, Venus in Lustinne, Vulkan in Glutfang verdeutschte, und duldete nicht einmal gute deutsche Lehnwörter, indem er Fenster in Tageleuchter, Natur in Zeugemutter und sogar Kloster in Jungfernzwinger übersetzte: eine besonders grausame Maßregel, durch die die ohnehin schon durch ihre Lehnwortbenennung kompromittierten Mönche auf die Straße gesetzt werden. (S. 433 f.)

Auch aus dieser Passage können wir einige nette Ausdrücke in unsere Sprache übernehmen. *Zeugemutter* statt oder neben *Natur* finde ich apart, zumal ja heutzutage das Zeugen irreführenderweise meist dem Manne allein zugerechnet wird.

Von *Kluginne* und *Lustinne* können wir das Wortbildungsprinzip übernehmen: Wir hätten dann neben dem *Wüstling*, *Schönling*, *Lüstling* die *Wüstinne*, *Lustinne*, *Schöninne* – ob wir sie so dringend brauchen, ist eine andere Frage. Aber gut so was für den Bedarfsfall in Reichweite zu halten.

Der eigentliche Grund aber, weshalb ich Friedell so ausführlich zitiert habe, ist sein Tadel für den »Kloster«-Ersatz »Jungfernzwinger«. Nicht dass da Jungfern in einem Zwinger gehalten werden, regt ihn auf, sondern dass die armen Mönche sprachlich übergangen, »auf die Straße gesetzt« wurden.

Werden nicht Frauen durch das sogenannte generische Maskulinum pausenlos auf die Straße gesetzt? Dafür hat natürlich auch ein Friedell keinerlei Bewusstsein, wie denn überhaupt in seiner *Kulturgeschichte der Neuzeit* Frauen fast gar nicht vorkommen.

Ein faszinierendes Werk, wie gesagt. Aber nicht nur aus den Gründen, für die es berühmt ist.

Und der »rabiate« Philipp von Zesen? Das scheint ein einfallsreicher Herr gewesen zu sein, mit dem wir Feministinnen uns mal etwas gründlicher befassen sollten.

Nachtrag am 28. Februar 2010: Eben erhalte ich von Herbert Gnauer, dem Initiator und Leiter des Friedell-Hörprojekts, folgende Nachricht:

Das Rätsel um »die Barocke« wurde mittlerweile aufgeklärt. Heyse's Fremdwörterbuch, 10. Aufl. 1872 schreibt unter dem Stichwort barock:
»fr., baroque, schief, schiefrund, unregelmäßig, verzerrt ... Barocke, f., der Barockstil«
Es handelt sich also mitnichten um einen Austriazismus. Des weiteren wurden in einer Literaturdatenbank 75 Vorkommen der Wortkombination »die Barocke« bis in die 50er Jahre des XX. Jhdts entdeckt. »Die Barocke« dürfte zu Friedells Zeiten vermutlich etwas exotisch, aber jedenfalls nicht gänzlich unerhört angemutet haben.«

Februar 2010

Seinerzeit: Die zeitlose Frau

Am 30. März haben wir unser neues Buch *Frauengeschichten* im Frauencafé »endlich« in Hamburg vorgestellt.

In der Woche danach hatte ich mit Birgit Kiupel, unserer Mitautorin und Moderatorin des Abends, einen nostalgischen Email-Austausch über das Verschwinden literarischer Salons aus der Kulturszene, speziell lesbischer Salons.

Ich schrieb, einer plötzlichen Eingebung folgend, an Birgit: »In Sachen Salon ist uns noch aufgefallen, dass wir in der Rue Jacob wohnen wie einst Natalie Barney. Das verpflichtet doch eigentlich ... Wir denken drüber nach.« (Genau genommen wohnen wir in der Jakobistraße.)

Zuerst hatte ich schreiben wollen »... wie seinerzeit

Natalie Barney«, konnte mich aber noch rechtzeitig bremsen und wählte das »einst«.

Eigentlich hätte ich gleich »ihrerzeit« schreiben sollen, aber ich war an dem Tag etwas unausgeschlafen. Es reichte grade zur Vermeidung der Männersprache, nicht mehr zu ihrer feministischen Überwindung.

Das Wort »seinerzeit« ist mir schon lange ein Dorn im Auge, aber da die Reparatur mit »einst« oder »damals« einfach ist, habe ich mich nie besonders darum gekümmert. Aber warum nur reparieren, wenn wir richtig Terrain erobern können?

Etliche der vielen Lücken in unserem Männerwortschatz haben wir ja schon erfolgreich behandelt, z. B.

Namensschwester ergänzt den *Namensvetter*
jedefrau ergänzt *jedermann*
frau ersetzt *man*
Schirmfrau neben *Schirmherr*,
Ratsfrau neben *Ratsherr*,
Amtfrau neben *Amtmann*,
Hausmann neben *Hausfrau*,
etc.

Entsprechend fügen wir dem *seinerzeit* nun ein *ihrerzeit* hinzu und passen es damit den anderen veränderlichen Wörtern an:

meinetwegen, ihretwegen und *seinetwegen*
ihrerseits und *seinerseits*
ihresgleichen und *seinesgleichen*
ihretwegen und *seinetwegen*
um ihretwillen und *um seinetwillen*

Denn wir Frauen mögen zwar zeitlos sein, vor allem zeitlos schön, und Zeit haben wir auch nie – dass wir aber deswegen auf ein Wort für »zu ihrer Zeit« verzichten sollen, ist eine männliche Zumutung, die wir nicht hinnehmen sollten. Die Abwehrstrategie ist zum Glück sehr einfach, die Männersprache liefert reizende Vorlagen:

> Sensation erregt der rätselhafte Tod der Senatorin Stanford, die seinerzeit zum Andenken ihres verstorbenen einzigen Sohnes die Stanford-Universität mit 20.000.000 Dollars stiftete. Dieses Institut erbt jetzt das Riesenvermögen der pacifischen Minenmagnatin. (Berliner Tageblatt, 3.3.1905)

> Die Gräfin wurde seinerzeit freigesprochen, und die Zukunft des jungen Grafen schien gesichert. (Berliner Tageblatt, 4.3.1905)

Die Belege stammen aus dem Digitalen Wörterbuch der deutschen Sprache des 20. Jahrhunderts (www.dwds. de/?kompakt=1&qu=seinerzeit) – dort finden Sie Hunderte für *seinerzeit* und keinen für *ihrerzeit*.

Diese anregenden Beispiele zeigen, wie wir vorgehen sollten. Kein einfühlsames Anpassen mehr wie bei *seinetwegen* und *ihretwegen*, *seinerseits* und *ihrerseits*.
Einfach immer feste druff mit *ihrerzeit*, das Geschlecht spielt dabei gar keine Rolle:

> *Im Verlauf seines Schreibens bekennt Herr Casimir-Périer, er habe ihrerzeit abgedankt, weil er seine Ohnmacht erkannt habe.*

> *Sein Schwager Nardenkötter habe ihrerzeit das Krankenhaus betrieben.*

Wie ein Blick ins Internet verrät, gibt es inzwischen viele Etablissements, die sich »Seinerzeit« nennen, typischerweise Cafés und Restaurants mit nostalgischem Touch, die »Oldies aus den siebziger und achtziger Jahren« spielen. Diese Restaurants sollten wir auffordern, zeitnah (am besten ihrerzeitnah) ihren abtörnenden Namen abzulegen – sonst müssten wir sie leider girlkottieren.

April 2010

mannofrau

Neulich sah ich mir den Tatortkrimi »Schatten der Angst« mit Ulrike Folkerts alias Lena Odenthal an, den ich kürzlich aufgenommen hatte. Natürlich sind wir treue Fans von Ulrike Folkerts, obwohl sie öfter in sehr mittelmäßigen Tatorten rumrennen muss. Dieser aber war gut, er behandelte ein wichtiges Thema (Schwesternmord, auch »Ehrenmord« genannt – s. S. 40-43), und der Balance-Akt zwischen feministischer Empörung und Vermeidung fremdenfeindlicher Klischees gelang überzeugend.

Aber ich wollte hier keine Filmkritik abliefern, sondern nur erzählen, was mir sprachlich auffiel. Wurden da doch die Frauen immer wieder mit »Mann« angeredet bzw. angeherrscht, nicht nur die herbe, wenn auch seit einiger Zeit lockige Lena Odenthal, sondern auch die liebreizende junge Türkin Derya. Etwa so:

»Das weiß ich doch nicht, Mann!«
»Was stellst du dich so an, Mann!«

Den genauen Wortlaut habe ich mir nicht gemerkt, aber die Sprüche waren emotional von dieser Art.

Früher sagten wir stattdessen:

»Das weiß ich doch nicht, Mensch!«
»Was stellst du dich so an, Mensch!«

Ausrufe wie »Mensch Meier« und »Menschenskind!«
ergänzten die Palette menschlicher Möglichkeiten.

* * *

Und nun das Neueste zum Thema Frau als Mann:
  Meine Freundin Gertrud schickte mir folgende Nachricht:

> Hallo, Luise – Du wirst diese Einladung sicher auch
> bekommen haben … Dazu die Frage: sollte es nicht
> heißen »jedefrau« statt »jederfrau«? Dir werden als
> linguistische Päpstin stets so delikate Fragen vorgelegt, so wie ich das einschätze … also pack ich auch
> mal eine obendrauf! Ganz liebe Grüße, Gertrud

Beigefügt war ein Flyer:

> AUF Ein Fest – Frauen Feiern
> 35-jähriges Jubiläum von AUF – Eine Frauenzeitschrift …
> mit … einem großen Frauenfest im Wienerinnen Rathaus!
> Buffet der Biobäuerinnen
> … DJ Sweet Susie …
> Die Ausstellung »AUFührung durch 35 Jahre AUF –
> Eine Frauenzeitschrift« ist anschließend ab 31. Mai
> 2010 bis 9. Juli 2010 als Bildschirmpräsentation im
> WienerInnen Rathaus zu besichtigen. Dazu ist jedermann und jederfrau eingeladen!

Päpstin Luise fackelte nicht lange und schickte folgende
Bulle:

> liebe Gertrud, du hast völlig recht: »jederfrau« im
> Nominativ ist eine Schande! Das missfällt jederfrau!!
> (Im Dativ hingegen ok) Herzlich, Luise

Bald darauf schrieb Gertrud zurück:

Hallo, Luise – zum voraufgegangenen »Casus« hat sich offenbar auch die Anna Gedanken gemacht. »Jedemann und jederfrau« ist doch »irgendwie« nett, meine ich. Allerdings eher für Fortgeschrittene … Oder? G.

Und dies hatte Anna geschrieben:

Die AUF und du habt mir die Einladung zum Fest im Rathaus geschickt. Das heißt »ein Fest für jederfrau«. Ist das nichts für eine Glosse für Luise? Heißt das nicht »für jedermann und jedefrau«? Sind da die Transgendermenschen gemeint? Wäre doch nett: jedemann und jederfrau. Da hört sich dann endlich die Genderei auf …

Wieso Anna meint, dass sich so die Genderei aufhört, verstehe ich noch nicht.

Das wäre wohl erst gelungen, wenn wir wieder öfter »Mensch« statt »Mann« sagen würden. Und immer hübsch feminisieren! Dazu ist jedemensch eingeladen!

Mai 2010

Mädchen und Bübchen

Vor ein paar Tagen schrieb mir eine Bekannte:

Liebe Luise, heute hat mir jemand eine Frage gestellt, die ich nicht beantworten konnte: »Warum und seit wann heißt es DAS MÄDCHEN, was einem Neutrum gleichkommt, einer Sache? Und ist der Begriff/diese Bezeichnung ursprünglich abgeleitet von DIE MAID oder DIE MAGD?«

Ich antwortete:

Die Maid« geht auf »die Magd« zurück (mehr dazu im *Grimmschen Wörterbuch*). Ich habe das Thema in einer alten Glosse behandelt, »Die Plage mit der Blage«, abgedruckt in *Die Frau ist nicht der Rede wert* (1999).
Und es heißt DAS Mädchen, weil alle Diminutiva als Neutra klassifiziert werden. So wird sogar aus dem allmächtigen Vater DAS Väterchen.«

Der letzte Satz hat mich beschwingt und inspiriert – ein einfacher sprachlicher Trick, mit dem wir die Autoritäten auf den Topf bzw. gleich aufs Töpfchen setzen können. Ist doch für feministische Zwecke wie geschaffen, zumal abgeleitete Feminina die Verkleinerung nicht dulden! Wohl können wir einen *Bauern* verkleinern, diminuieren zu *Bäuerchen* und *Bäuerlein*, aber die *Bäuerin* widersetzt sich strikt: »Bäuerinchen«, »Bäuerinlein« geht nicht, gibt's nicht.
Erinnern wir uns an das Hauptziel feministischer Sprachpolitik: Herstellung sprachlicher Symmetrie. Bezogen etwa auf ein Wort wie *Fräulein* argumentierten wir vor seiner Abschaffung:
Das Fräulein kann bleiben, wenn für unverheiratete Männer die Anrede »Herrlein« eingeführt wird, denn damit würde sprachliche Symmetrie hergestellt. Andernfalls: Abschaffen!
Wie wir wissen, konnten die Herrlein sich für das *Herrlein* nicht erwärmen, folglich wurde das *Fräulein* (übrigens auch ein Diminutivum, eine Verkleinerungsform) abgeschafft.
Das Mädchen werden wir nicht los – deshalb sagen viele Frauen »das Bübchen«, oder »das Jungchen« oder »Jüngelchen« und sorgen so für Symmetrie.

Aber was machen wir mit dem Heer der Maskulina, aus denen die Feminina mittels Anhängung der Silbe *-in* abgeleitet werden? Da herrscht keinerlei Symmetrie. Ich habe deshalb schon vor dreißig Jahren dafür plädiert, das *-in* abzuschaffen und einfach *die Student* und *der Student* zu sagen, wie *die* und *der Angestellte*. Alles hübsch symmetrisch.

Es gab auch andere Vorschläge, z. B. die Anhängung von *-er* und *-in* direkt an den Verbalstamm:

Arbeit-en führt nach diesem Vorschlag zu *Arbeit-er* und *Arbeit-in*,
lehr-en zu *Lehr-*er und *Lehr-in*.

Hat sich nicht durchsetzen können, wahrscheinlich, weil viele Maskulina gar nicht von Verben abgeleitet sind, z. B. *Arzt, Anwalt, Apotheker, Student, Assistent*.

Ja, was machen wir also? Wie stellen wir Symmetrie her? Ich hab mal vorgeschlagen, *die Student* und *der Studenterich* (wie *die Ente* und *der Enterich*) zu sagen – das freut und stärkt die Frau, hat sich aber auch nicht durchgesetzt. Ist auch strenggenommen keine Symmetrie, sondern Wurst wider Wurst (deswegen auch stärkend).

Mache ich also heute einen neuen Anlauf und schlage Folgendes zur Herstellung der Symmetrie vor:
Statt *der Student* und *die Studentin* sagen wir:

das Student-chen, die Student-in
das Banker-chen, die Banker-in
das Anwältchen, die Anwältin
das Ärztlein, die Ärztin

Auch das wird sich wohl nicht durchsetzen, aber ist es nicht eine hübsche Lösung? Anwältchen und Ärztlein treten jetzt auch mit Umlaut auf, nicht nur die Anwäl-

tin und die Ärztin! Wenigstens gelegentlich sollten wir
uns damit erfreuen. Und dann immer öfter …

Mai 2010

Der geschlechtsneutrale Schweizer

*Was stellen Sie sich vor, wenn Sie Wörter wie ›Schau-
spieler‹, ›Dichter‹, ›Fußgänger‹, ›Leser‹, ›Schweizer‹ hören oder lesen? Diese Wörter, so versichert uns die pa-
triarchale Grammatik, sind geschlechtsneutral. Stellen
Sie sich also einen geschlechtsneutralen Schweizer vor?
Versuchen Sie es doch einmal. Sie sehen, es geht nicht –
allerdings versichern mir manche Frauen, bei Schwei-
zern ginge es vielleicht noch am ehesten.*

Wenn ich diesen Text von 1995 vorlese, lacht das Publikum herzlich über »die eher geschlechtsneutralen
Schweizer«. Die Debatte über (geschlechter)gerechten
Sprachgebrauch war damals schon fast 30 Jahre im
Gange. Inzwischen sind weitere 15 Jahre ins Land gegangen, der faire Sprachgebrauch hat sich weiter ausge-
breitet, das Maskulinum steht beschämt in der Ecke und
beweint den Verlust seiner Fähigkeit, selbstverständlich
für beide Geschlechter zu stehen. Bis heute reizt das
die Konservativen zu wütenden Attacken. Der rechte
Schweizer will offenbar lieber geschlechtsneutral bleiben – selbst wenn er dafür ausgelacht wird.
    Der jüngste Erfolg der feministischen Sprachpolitik
ist der Leitfaden der Stadt Bern, über den sich derzeit im Internet zahlreiche Schweizer und ein paar
Schweizerinnen in ausufernden Kommentaren ereifern.
Dazu angestiftet werden sie von hämischen Zeitungs-

artikeln, die die lobenswerte Berner Initiative als typisch rotgrüne Hirnrissigkeit hinstellen. Sie werden der hechelnden Jagdmeute hingeworfen, und schon hetzt sie los.

Das Thema sprachliche Gerechtigkeit – auch noch für Frauen! – war schon immer ein Garant für massive Proteste von Männern, heute bevorzugt im Internet – somit Garant für erhöhte Besucherzahlen und mehr Profit durch Anzeigen. Vor einem Jahr generierte ein Interview mit mir – »Längerfristig bin ich für die Abschaffung des ›in‹« – über 700 gehässige Kommentare bei der österreichischen *dieStandard*, der feministischen Ablegerin von *Der Standard*. Die normale Anzahl der Kommentare dort ist 10-20. Beim *Tagesanzeiger* bekam der Artikel »Keine Fussgängerstreifen mehr in Bern« bisher 428 Kommentare und *Blick* mit seinem irreführend betitelten »Weder Vater noch Mutter – Beamte sollen künftig ›das Elter‹ sagen« 250 Kommentare. Die Blätter frohlocken: »So viele Kommentare hatten wir selten/noch nie!«

Um das Sommerloch vor Beginn der Fußballweltmeisterschaft (das Maskulinim »Meister« passt) zu stopfen, kam den Schweizer Medien die Berner Initiative anscheinend wie gerufen.

Der Berner Leitfaden ist in freundlichem Ton abgefasst und macht sehr vernünftige Vorschläge. Wiederholungen treten nicht auf.

Die Kommentare bei *Blick* und *Tagesanzeiger* sind dagegen extrem aggressiv und wiederholen sich gebetsmühlenartig. Kein Kommentator scheint auch nur die letzten drei Kommentare vor ihm – geschweige denn den Leitfaden selbst, der auch nicht verlinkt wird – gelesen zu haben. Die Anwürfe sind vorhersagbar; Marlis Hellinger hat sie schon vor Jahrzehnten analysiert und den Begriff »Diskurs der Verzerrung« (www.journalis

tinnen.de/aktuell/pdf/gender/gender_hellinger.pdf) da-
für geprägt:
- Haben die nichts Wichtigeres zu tun?
- Sinnlose Verschwendung unserer Steuergelder
- Typische Beamten-Pedanterie
- Als Mann fühle ich mich diskriminiert, weil es »DIE
  Schweiz« und »DIE Schweizer« heißt (und anderes in
  dieser Art von Scherzbolden)
- Ich bin eine Frau und habe mich noch nie durch
  Sprache diskriminiert gefühlt.

Das letzte Argument erinnert an die Raucher, die behaupten, Rauchen schade ihnen nicht. Wenn sie den
Schaden ignorieren, bedeutet das ja nicht, dass sie ver-
schont bleiben. Die Raucher dienen den Interessen an-
derer (Tabakkonzerne). Genau das tun auch diese Strei-
terinnen für das mannhafte Deutsch. Sie dienen den
Interessen der Männer.

Denn das mannhafte Deutsch – das ist wissenschaft-
lich einwandfrei bewiesen – ist eine gigantische und
völlig kostenlose Werbemaschinerie für den Mann. Mit
fast jedem Satz, in dem von Personen die Rede ist, er-
zeugt sie die Vorstellung einer männlichen Person.
Wenn Sie es nicht glauben, fragen Sie Ihren Arzt oder
Apotheker.

Warum aber beteiligen sich die Frauen nicht an der
Debatte und verteidigen das faire Deutsch gegen die
Ignoranten? Nun, wir wissen eben seit Zsa Zsa Gabor:
»Any publicity is good publicity« – die Jungs erledigen
das hervorragend für uns, und wir können Energie spa-
ren. Zudem haben wir ja bereits gesiegt. Der Leitfaden
ist beschlossene Sache. In den Verlautbarungen der Stadt
Bern wird es demnächst »Zebrastreifen« statt »Fußgän-
gerstreifen«, »Team« statt »Mannschaft«, »Fahrausweis«
statt »Führerausweis« und »lesefreundlich« statt »leser-

freudlich« heißen. Sehr elegante Lösungen allesamt – alle vorgeschlagenen Wörter sind kürzer als die zu ersetzenden. Mir gefällt besonders der »Fahrausweis« – als Deutsche kann ich das Wort »Führer« einfach nicht mehr hören.

Juni 2010

(Zuerst am 13. Juni 2010 in der *NZZ am Sonntag*, Rubrik »Der Externe Standpunkt« in leicht veränderter Form erschienen.)

Schland und die Vulvazela

Das Fußballspiel verleitet anscheinend zum Wortspiel. Vor vier Jahren schon wurde aus Heines bitterem Versepos »Deutschland – ein Wintermärchen« über unser »hölzern pedantisches Volk« ein »Sommermärchen« und schließlich Sönke Wortmanns »Deutschland – ein Sommermärchen«. Mit Recht wurde der Kuschelfilm bald umgetauft in »Im Bett mit Ballack« oder »... mit Poldi« – Madonna lässt grüßen.

In diesem Sommer nun kamen wir aus der Wortspielerei gar nicht mehr raus. Es fing an mit der australischen Fußballmannschaft, den »Socceroos«, wie Kangaroos. »Serbien muss sterbien« hieß es vor dem Spiel gegen Serbien, ein böser Spruch aus dem ersten Weltkrieg – und damals wie heute ein Eigentor.

Laut *Spiegel* werden »wir« nun »Integrationsweltmeister« statt Fußballweltmeister – was auch total daneben ist, denn die Mannschaft aus Schland ist trotz der Spieler mit Migrationshintergrund weder deukisch noch deukanisch.

»Schland«, die Kurzform für »Deutschland«, verbreitet sich derzeit rasant. Die krude Mischung aus »Schlamm« und »Schmand« scheint das deutsche Gemüt zu überzeugen und passt auch zu »Germs« (Keime), der Kurzform für »Germans«. Der Song »Schland o Schland« wurde auf Youtube über eine Million mal angeklickt, und schon gibt es eine Webseite schland.de, die Schland-T-Shirts mit den schländischen Farben Schwarz-Rot-Sonnig verkauft.

Auf die Frage, wie es zu »Schland« kommen konnte, erfährt frau, dass das Wort auf Stefan Raab zurückgeht, der schon 2002 aus dem Gebrüll in den Fußballstadien nur »Schland! Schland!« heraushören konnte.

Plausibler scheint mir die Erklärung dieses bloggenden Sprachbeobachters: »Der durchschnittliche Fußballfan ist stark alkoholisiert und benutzt Geheimsprache. »Flur« steht für »Wieviel Uhr ist es?« »Eishockey?« steht für »Alles okay?« und »schland« für »Deutschland«.

Wir sollten die Anregungen der Alkis dankbar aufnehmen und andere lästige, überlange Wörter ebenfalls gesundschrumpfen bzw. gesupfen:

Bereits gut etabliert sind:

AlkoholikerInnen → *Alkis*
AmerikanerInnen → *Amis*
Auszubildende → *Azubis*
Deutsch-Englisch → *Denglisch*
Deutschtürkisch → *deukisch*
Hartz-IV-EmpfängerInnen → *Hartzis*
Öffentliche Verkehrsmittel → *Öffis*
Ostdeutsche → *Ossis*
Professionelle → *Profis*
ProfessorInnen → *Profs*
Rehabilitation → *Reha*

Studierende → *Studis*
Weblog → *Blog*
Westdeutsche → *Wessis*

Neuschöpfungen:

Bundespräsident → *Bupräsent*
BürgerInnensteig → *Bürsteig* → *Bürste*
Deutschafrikanisch → *deukanisch*
Evangelisch → *evisch (währt am längsten)*
FußballspielerInnen → *Fubis*
FußgängerInnen → *Fugis*
FußgängerInnenzone → *Fugizone*
GästInnenzimmer → *Gäzi*
Homo-Ehe → *Ho-Ehe* → *Höhe*
Katholisch → *kalisch*

Die überbordende »Vulvazela« fällt dagegen völlig aus dem Rahmen, aber das raumgreifende Pendant zu den verschämten Vagina-Monologen sollte hier nicht übergangen werden.

Juli 2010

Hexenmeister und Entenmeister

Wenn Sie schon immer mal Diplomhexe oder Hexenmeister werden wollten, gibt es jetzt eine angenehme Ausbildungsstätte für Sie, entweder vor Ort in der Nähe von Klagenfurt oder unter http://www.hexen schule.eu/main.html online. Andreas Starchels Hexenschule macht's möglich. Mit der bis zu sieben Jahre währenden anspruchsvollen Ausbildung können Sie in Österreich beruflich nicht viel anfangen, aber in Deutschland könnte es eine passende Zusatzqualifikation für HeilpraktikerInnen sein.

Ich sah letzte Woche auf BR-Alpha einen Film von Martin Betz (2007) über die Hexenschule; er hat mir gut gefallen. Der Leiter ist aufgeklärt und sympathisch und möchte altes Wissen, das er sich aus vielen alten Quellen angeeignet hat, auf der Grundlage modernen psychologischen und naturwissenschaftlichen Wissens aufbereiten und zugänglich machen. »Rituale«, so lehrt er seine Hexenschülerinnen und -schüler beispielsweise, »sind psychologische Tricks, mit denen man, durch den größeren Aufwand, bestimmte Vorstellungen besser ins Unterbewusstsein pflanzen kann.« Recht hat er; die katholische Kirche hat das besonders gut begriffen und ist auf diesem Gebiet seit Jahrhunderten erfolgreich tätig.

Und der Hexenbesen? Der wurde weniger zum Reiten benutzt, erläutert er, sondern zum Reinigen der Ritualplätze. Und wir sehen ihn, wie er mit dem Reisigbesen sorgfältig die Wiese fegt. Der Chatroom auf der Webseite der Hexenschule heißt sinnigerweise »Besenkammer«.

Also alles in allem eine nette und lehrreiche Sache, wenn Sie dafür Zeit und Geld haben.

Wie meine geneigten LeserInnen bereits vermuten werden, interessiert mich an der Hexenschule vor allem der sprachliche Aspekt. Immerhin ist »Hexe« neben »Witwe«, »Braut« und »Geschwister« eins der ganz wenigen (genau gesagt: fünf) deutschen Wörter, bei denen das Femininum den Ursprung und Oberbegriff bildet. Wir haben neben der »Hexe« den »Hexer«, neben der »Witwe« den »Witwer«, neben der »Braut« den »Bräutigam«, und die »Geschwister« stehen für Schwestern und Brüder. Und dann gibt es noch das »Gestüt«, das auch für Hengste da ist.

In der TV-Sendung über die Hexenschule bekamen wir nur einen Schüler zu sehen und drei Schülerinnen. Die Schülerinnen sagten, sie wollten Hexe werden, der Schüler wollte dagegen Hexenmeister werden. Nicht Hexer oder Hexerich.

Das *Grimmsche Wörterbuch* klärte mich dann weiter auf: Eine männliche Hexe wird »Hexer« oder »Hexenmeister« genannt. So steht's auch bei Wikipedia.

Stellen Sie sich vor, wir würden den Enterich Entenmeister nennen, den Täuberich Taubenmeister, den Mäuserich Mäusemeister, und so weiter bis zum Gänsemeister und Krötenmeister.

Für männliche Kröten und Mäuse scheint eine derartige Sprachkosmetik überflüssig, aber die männliche Hexe findet das wohl standesgemäßer als »Hexer«, die schlichte Ableitung aus dem femininen Grundwort. Der umgekehrte Fall ist eine Degradierung, die Frauen mit jeder *-in*-Ableitung gewohnheitsmäßig zugemutet wird.

Vermutlich verdankt sich auch der »Wachtmeister« dem Veredelungsdrang. »Die Wache«, »die Schildwache« – alles zu feminin für einen gestandenen Mann. Aber wie schon Mary Daly uns riet: Nehmen wir doch dieses männliche Imponiergehabe als Anregung zum egozentrischen bzw. frauenzentrierten Denken:

Eine Frau und ein Mann besuchen eine Kochschule. Er wird Koch, sie wird Kochsachverständige (Koch*meisterin* ist nicht so geeignet, weil von *-meister* abgeleitet).

Er und sie studieren an der Musikhochschule. Er wird Musiker, sie wird Musikgelehrte.

Und unsere Politiker? Sind eben Politiker, die Frauen dagegen Politikprofis, was Kraft und Löhrmann – sicher zum Bedauern unserer Ober-Politprofi Merkel – gerade sinnfällig vorgeführt haben.

Zum Weiterlesen empfohlen: Joey Horsley (1992). Weise Frauen, Hebammen und die europäische Hexenverfolgung. Online als PDF-Datei; googeln Sie »Horsley« und »Hexenverfolgung«.

Juli 2010

Menstruella und Menstruator

Ich lese gerade ein faszinierendes Buch über Menstruationspolitik von Chris Bobel, Direktorin des Women's Studies Program an der Universität von Massachusetts in Boston. Das Buch trägt den Titel *New Blood: Third-Wave Feminism and the Politics of Menstruation.* Bobel erzählt darin von »menstrual activists« wie der »Roten Brigade«, die Front machen gegen die Gefahren »weiblicher Hygieneprodukte« (FemCare), als da wären: Dioxinvergiftung, Mikrowunden, Pilzinfektionen, Endometriose, toxisches Schocksyndrom sowie der endlose Abfall, den Herstellung und Entsorgung von Einmalprodukten verursachen.

Das Buch ist so neu, dass es noch nicht übersetzt wurde – ich bezweifle auch, dass es ins Deutsche übersetzt werden wird, weil es bei uns (noch?) keine Menstrual-Aktivistinnen gibt. Oder habe ich da wieder was nicht mitgekriegt? Ich lasse mich gerne aufklären.

Wenn es aber übersetzt würde, bräuchte es dazu eine sehr kreative Übersetzerin. Das fängt mit dem Wort »FemCare« an. Auf meiner Lieblings-Übersetzungsseite Linguee finde ich als deutsche Entsprechung »Damenhygiene«. Wo ich grad mal dabei war, habe ich natürlich gleich nach den männlichen Pendants »Männerhygiene« und »Herrenhygiene« geforscht – aber die

Wörter gibt es anscheinend nicht. Dass Männer so unreinlich sind, dass für spezifisch männliche Hygiene nicht mal ein Wort existiert, ist schon beklemmend, besonders wenn wir an den Gebärmutterhalskrebs denken, den die Papillomaviren an ihrem unhygienischen Stöpsel bei Frauen verursachen.

Die Dame verdankt der Damenhygiene-Industrie die Damenbinde. Der Herr aber trägt statt einer Herrenbinde seinen Binder. Die Sprache rund um die »weibliche Hygiene« ist voller Absurdität. Schon vor 28 Jahren musste ich in meiner allerersten Glosse feststellen: »Die Menstruation ist bei jedem ein bisschen anders« (Zitat Tamponreklame). Und vor 30 Jahren machte ich in einem Linguistikseminar eine Umfrage zu Sprache und Menstruation, mit Fragen wie:

»Welche Ausdrücke benutzt du/deine Freundin/deine Mutter für den Tampon/die Menstruation, undsoweiter?«

Folgendes kam heraus:

Für den Tampon sagten manche »Stöpsel«, eine Schweizerin »Bölzli«. Für die Menstruation: »Ich habe meine Tage/meine Regel/Periode/Monatsblutung.« Wir stellten dazu fest, dass diese Ausdrücke wie Sätze über Krankheiten klingen: »Ich habe Durchfall/Parkinson/meine Tage/Migräne.« Eine sagte: »Ich blute.« Das fand sie ehrlich und klar, besser als diese weichgespülte FemCare-Sprache von den kritischen Tagen.

Meine Mutter sagte voller Selbstverachtung: »Ich habe mein Gedöns« – fast so negativ wie das englische »the curse« (der Fluch). Das Wort »Gedöns« hörte ich dann jahrzehntelang nicht mehr, bis unser damaliger Ministerpräsident, der spätere Bundeskanzler Schröder, am Tag nach seinem Amtsantritt Frauenpolitik als Gedöns bezeichnete und das niedersächsische Frauenministerium abschaffte.

Das Wort, das mich in Bobels Untersuchung am meisten faszinierte, ist »menstruator«. So werden Menschen genannt, die »menstruieren« bzw. »ihre Tage haben«. Von »to menstruate« = menstruieren. Ich gehöre nicht mehr zu diesen Menschen, auch Schwangere, viele junge Sportlerinnen und magersüchtige Frauen nicht, wohl aber viele Männer (Transmänner). Dachten wir früher schlicht und altenfeindlich: »Ich blute, also bin ich Frau«, so gilt diese Gleichung heute noch weniger als früher.

Für deutsche Ohren klingt »Menstruator« nach »Terminator« und also geradezu grotesk. »Die Menstruatorin?« Auch daneben.

Brauchen wir überhaupt eine Bezeichnung für eine Frau bzw. Person, die »ihre Tage hat«?

Eine schreibende Frau ist eine Schreiberin, eine lesende Frau ist eine Leserin, ähnlich haben wir Verkäuferinnen, Käuferinnen, Fahrerinnen, Malerinnen, Boxerinnen und Managerinnen. Warum haben wir kein Wort für eine Frau, die menstruiert? »Die Menstruiererin«??? Wir können es natürlich bilden und benutzen, aber komisch ist es schon, weil abgeleitet aus »der Menstruierer«, der wenig sinnvoll wirkt, queering the binary hin oder her. Ähnlich seltsam wie »der Wöchner« und »der Lesbier«.

Nach längerem Grübeln fiel mir »Menstruella« ein, abgeleitet aus »menstruell«, wie in »prämenstruelles Syndrom« (PMS).

Obwohl entschieden postmenstruell, werde ich jetzt ganz promenstruell weiter in dem spannenden Buch lesen. Nächste Woche werde ich dann mehr über Menstruationspolitik als Schnittstelle zwischen zweiter und dritter Frauenbewegung wissen und hier eventuell kundtun.

August 2010

»Elternteil« aufs Altenteil

In den Medien tobt derzeit ein Scheingefecht um die
Rettung der Wörter »Mutter« und »Vater«, die angeblich europaweit abgeschafft werden sollen. Stattdessen
solle ab sofort »das Elter« gesagt werden. Das habe der
Europarat jüngst beschlossen und empfohlen, ereifert
mann sich. (Der Artikel unter www.bild.de/BILD/
politik/2010/09/02/europa-buerokraten/wollen-ge
schlechtsneutrale-sprache.html ist einer von ganz vielen derselben Art. Sie brauchen nur »Europarat« und
»Elter« oder »Mutter« zu googeln.)

Nichts davon ist wahr, die Sache wurde frei erfunden,
und dann schrieb es einer vom anderen ab – eine bemer-
kenswerte neue Strategie des Antifeminismus, über die
ich mich ausführlicher in der *Emma* äußern werde.

Heute geht es mir nur um die Wörter »Elter« und
»Elternteil« – armselige Sprachmittel in der Tat, um
eine beliebige Person des Elternduos, Mutter oder Vater, zu benennen. Brauchen wir überhaupt so ein Wort?
Ja, z. B. für Gesetze und Gesetzeserläuterungen:

> Ab dem Jahr 2000 erhalten in Deutschland geborene
> Kinder von AusländerInnen die deutsche Staatsbür-
> gerschaft, sofern sich ein Elternteil seit 8 Jahren recht-
> mäßig in Deutschland aufhält.

Wie viel besser ist da das Englische ausgestattet. In eng-
lischsprachigen Ländern haben sie nicht nur die »parents« (Eltern), sondern auch »a parent« (ein »Elternteil«):

> … provided that one parent has legally resided in
> Germany for at least 8 years.

Und dann haben die glücklichen AngelsächsInnen auch
noch das Wort »parenting«, für das es keine passende

136

Übersetzung gibt, sondern nur Ad-hoc-Behelfslösungen wie: »Elternschaft«, »Kindererziehung«, »Elternkompetenz«, »Eltern sein« – was es alles nicht trifft. Mein Vorschlag: Entweder benutzen wir »eltern« kühn als Verb:

Ich eltere,
du elterst,
wir eltern.
Wir wechseln uns mit dem Eltern (parenting) ab.

Oder »Parenting« wird aus dem Englischen entliehen, am besten gleich mit »Parent« zusammen. Wenn wir schon Wörter wie »Multitasking«, »download«, »Dealer«, Deal« und »Showbusiness« übernehmen, warum dann nicht mal ein wirklich nützliches und wichtiges Wort, das wir offenbar umso dringender brauchen, je mehr die Rechte, Pflichten, Streitigkeiten, Bedürfnisse, Stärken und Defizite von Eltern zum öffentlichen Gesprächsstoff werden?

»Parents« kommt natürlich – über das Französische – aus dem Lateinischen. Auch die Französin sagt »les parents« und »le (statt *la*, leider) parent«. Die anderen romanischen Sprachen aber können wir als Hilfsreservoir vergessen. Auf Spanisch heißen die Eltern »los padres« (die Väter), auf Italienisch »i genitori« (die Erzeuger). Das Deutsche steht mit »Eltern« sozusagen in der Mitte einer Skala der Frauenfreundlichkeit: »I genitori« und »los padres« sind rein patriarchal, »die Eltern« ist neutral, immerhin – und »parents«, ob Englisch oder Französisch, ist matriarchal geprägt, kommt es doch vom lateinischen »parere« (gebären). Die »parents« sind also »die Gebärenden«, nur im übertragenen Sinn dann auch die ErzeugerInnen.

Damit wäre denn auch das Geschlecht von »Parent« klar, es muss ein Femininum sein: »Die Parent«, wie »die

Gebärende«. »Der Gebärende« ergibt ja wenig Sinn. Der nichtgebärende Elternteil – was sage ich, die nichtgebärende Parent – ist immer herzlich mitgemeint.

Wenn das dem Nichtgebärer nicht passt, können wir ihm auch noch ganz anders kommen. Dann sagen wir – als Ausgleich für die ungalanten spanischen Gepflogenheiten – statt »Parent« nämlich gleich Mutter. Heißt doch die »parent company« hierzulande auch »Mutterkonzern«, »Mutterunternehmen«, »Muttergesellschaft« oder »Konzernmutter«.

September 2010

Verzeichnis der Glossen

A und O 25

Alle Menschen sind Lesben? 11

Angela Merkel übernimmt das Matronat über die Ausstellung »2000 Jahre Varusschlacht« 19

Bachelore und Bachelotto 80

Beauvoir, Busch und böse Buben 43

Brava, Sola, Tria 64

Bundespräsident oder Bundespräsent? 85

Bürgerkommune im Direktsaft 35

Der Erstsemesterich und die Azubine 66

Der geschlechtsneutrale Schweizer 125

Der Kindle, die Windel und das Kindl 109

»Die fröhliche Landfrau« von Schumann 48

Die Marketenda oder Fragen Sie Frau Luise 28

Die Patriarchose 73

Die Schutzmatrone 17

Die seltsame Vormund 9

»Eigenartige Personen« – Lesbos hat Probleme mit dem L-Wort 54

Ein anderes Wort für »Ehrenmord« 40

»Elternteil« aufs Altenteil 136

Fräude, schöner Göttin Funken 52

Frauinnen, Stierinnen, und Patriarchinnen 45

Friseuse oder Friseurin? 60

Gästinnen willkommen, auch mit Adlerin 13

Geburtstag 50

Gibt es männliche Säugetiere? 27

Golda, Israels starker Mann, und Gritt, der Ironman 78

Hexenmeister und Entenmeister 130

Ihr Matenkind und sein Patenkind 39

Jubilate Deo 57

Julia Child und ihr Meistawerk 105

Kalbin, Stierlein und Flattermann 93

Knutschfreundinnen 10

Mädchen und Bübchen 122

Männliche Beginen in Bremen gesichtet 74

mannofrau 120

Meine Schwester heißt Polyester 82

Menstruella und Menstruator 133

Mit Vanille gen Italien 95

Nana oder Die Feminisierung der Welt 70

Ole von Beust und die Beustigkeiten 76

Pfingsten: Ausgießung der heiligen Geisteskraft oder Verzückte Zungen 88

Pretties 101

prue.de 103

Putins Niederkunft 31

Santa Claus und die heilige Nikolaus 108

Schland und die Vulvazela
  128
Seinerzeit: Die zeitlose
  Frau 117
Sel'ge Base 91
Sie sucht sie, er sucht er 98
Stadtväterinnen und
  Puffmutteriche 62
Titelei 15

Triumwirrwarr in der New
  Yorkerin 22
Übung macht die Maestra 37
Weibliche Formen schmerzlich
  vermisst 111
Whoever she may be … 58
Wir sind Weltmeista! 33
Zeugemutter und Jungfern-
  zwinger in der Barocke 114

Bibliografische Information der Deutschen Nationalbibliothek
Die Deutsche Nationalbibliothek verzeichnet diese Publikation
in der Deutschen Nationalbibliografie;
detaillierte bibliografische Daten
sind im Internet über http://dnb.d-nb.de abrufbar.

© Wallstein Verlag, Göttingen 2011
www.wallstein-verlag.de
Vom Verlag gesetzt aus der Stempel Garamond
Umschlaggestaltung: Susanne Gerhards, Düsseldorf,
unter Verwendung von einer Photographie der Firma
EDWIN MIEG OHG/ TIPP-KICK® (www.tipp-kick.de).
Druck: Friedrich Pustet, Regensburg
ISBN 978-3-8353-0863-3

Im Wallsten Verlag erschienen:

Luise F. Pusch
Die Eier des Staatsoberhaupts
und andere Glossen
144 S., 6 Abb., brosch., ISBN: 978-3-8353-0280-8

»Es gibt zahlreiche Gründe, das Büchlein zu kaufen. Zu zahlreich, um sie hier alle nennen zu können. [...] Und es hat sogar den einen oder anderen handfesten Tipp parat: ›Eine kräftige Dosis Hedwig Dohm hilft immer‹. Genau so ist es! Und oft auch schon ein Schlückchen Luise F. Pusch.«

Rolf Löchel, *www.literaturkritik.de*

Luise F. Pusch
Der Kaiser sagt Ja
und andere Glossen
144 S., 2 Abb., brosch., ISBN: 978-3-8353-0455-0

»Ein ums andere Mal tritt die Autorin den Beweis an, dass feministische Eindringlichkeit nicht geistreichen Humor entbehrt.«

Nordkurier

Wallstein
www.wallstein-verlag.de

Frauengeschichten
Berühmte Frauen und ihre Freundinnen

Herausgegeben von Joey Horsley und Luise F. Pusch
320 S., 13 Abb., geb. mit Schutzumschlag
ISBN: 978-3-8353-0634-9

Frauengeschichte, gesehen aus der Perspektive der Frauenliebe, wie sie in vielen Schattierungen und Varianten über drei Jahrhunderte gelebt und verstanden wurde.

Mit Beiträgen von: Angela Steidele über Catharina Margaretha Linck und Catharina Margaretha Mühlhahn, Joey Horsley über Mathilde Franziska Anneke, Birgit Kiupel über Ethel Smyth, Andrea Schweers über Renée Vivien und Natalie Clifford Barney, Diana Lewis Burgin über Marina Zwetajeva und Sophia Parnok, Swantje Koch-Kanz und Luise F. Pusch über Margaret Mead und Ruth Benedict, Doris Hermanns über Christa Winsloe und Dorothy Thompson sowie Christine Schmidt über Erika Mann.

»Es sind außergewöhnliche, anrührende und teilweise geradezu exotisch anmutende Frauengeschichten, die Luise Pusch und Joey Horsley vorstellen.«

Heide Soltau, *NDR Info/Frauenforum*

Wallstein
www.wallstein-verlag.de